世界名人非常之路

爱迪生

被逼"退学"的发明大王

刘亚伟◎编著

中国社会出版社
国家一级出版社·全国百佳图书出版单位

"世界名人非常之路"编委会

主　　任：刘明山

编　　委：周红英　王汉卿　高立来　李正蕊　刘亚伟　张雪娇
　　　　　方士娟　刘亚超　张鑫蕊　李　勇　唐　容　蒲永平
　　　　　冯化太　李　奎　李广阔　张兰芳　高永立　潘玉峰
　　　　　王晓蕾　李丽红　邢建华　何水明　田成章　李正平
　　　　　刘干才　熊　伟　余海文　张德荣　付思明　杨永金
　　　　　向平才　赵喜臣　张广伟　袁占才　许兴胜　许　杰
　　　　　谢登华　衡孝芬　李建学　贺欣欣　刘玉磊　王莲凤
　　　　　刘振宇　张自粉　苗晋平　卓德兴　徐文平　王翠玉

写在前面的话

童年时代的夏夜，我和小伙伴们时常躺在家乡的草坪上，仰望着美丽的星空，偶尔还能看见流星划过，那时的欢呼与过后的惊诧至今仍历历在目。冬天的早晨，我们则常常流连于冰雪覆盖的小路，经常因堆雪人和打屋檐的冰凌锥而忘记了上学。当然，春天和秋天对于孩子们来说，更是大自然赐予最慷慨、最丰厚的时候。无论是春花的烂漫还是秋果的诱人，至今都是我心中最温暖的回忆。

随着年岁的增长，许许多多扑朔迷离的自然现象，构成了一个又一个神秘莫测的奥秘。自然界的事物不再只是心头美丽的驻足，而是慢慢地变成了诸多诱使我去探索的动力。幸好，学校的数、理、化、生物等课程给了我一些答案。但是，课本的知识毕竟十分有限，而阅读课外书籍给了我巨大的帮助。

在成长过程中，随着知识的增加，我的好奇心也越来越强，迫切地想要了解那些发明创造的过程和那些奇思妙想的主人。是谁捡到了那只证明了万有引力的苹果？是谁让漆黑的夜晚亮如白昼？是谁开启了工业时代的大门？又是谁让人类迎来了飞天的奇迹？是他们，站在科技前沿的科学家们，带着诸多疑问，不断地对我们生存的空间进行研究，渴求破译这充满超自然现象的世界。是他们一步步带领着我们进入科技时代。

茫茫宇宙中是否还存在其他智慧生物？如何科学地解释人体与自然的离奇现象？他们用不断探索的精神引领我们认知世界，辨别真伪。我们为他们的创造精神而感动，为他们的科研成果而骄傲，更为他们对人类的贡献表示由衷的感谢！

写在前面的话

被逼"退学"的发明大王爱迪生，中国现代数学之父华罗庚，带给人类动力的发明家瓦特，太空探索的先驱者布劳恩，实验科学研究的先驱伽利略，为人类插上翅膀的莱特兄弟，放射性元素之母居里夫人……我们将这些科学家的故事汇集起来，编撰成册，希望能让读者朋友们全面了解他们的一生和那些与他们无法分离的伟大事迹，使大家从中有所收获。

就让我们一同走近这些科学家，了解他们发明创造背后的故事，让他们的成长历程启示我们；让他们的挫折坎坷激励我们；让他们的灵感火花指引我们，让我们站在巨人的肩膀上，走向更高的目标，实现更伟大的理想！

"世界名人非常之路"大型系列丛书之"科学家成长之路"篇，就是这样一套专门拓展中学生科学视野，提高科学素养的图书。让我们沉醉于神奇、瑰丽的大千世界之中，感受科技的强大，伟人的魅力，从而启迪智慧，丰富想象，激发创造，培养青少年热爱科学、献身科学的决心，以及热爱人类、保护环境的爱心。

丛书紧密结合当前中学教材中涉及的历史名人，以及物理、化学、生物、地理、天文、材料、医学、能源、环境、航空航天等多方面的科学知识。在这里，科学家的成功不再神秘，愿科学家的成长之路能够成为你开启成功之门的金钥匙。

年轻的朋友们，让知识为你们的梦想插上科学的翅膀吧！

爱迪生

人物简介

生卒与经历

托马斯·阿尔瓦·爱迪生（Thomas Alva Edison，1847～1931），于1847年2月11日生于美国中西部俄亥俄州的米兰小市镇。他父亲是荷兰人的后裔，他母亲曾当过小学教师，是苏格兰人的后裔。

爱迪生从小家境贫寒，只读了3个月书，就被老师斥为愚钝糊涂的低能儿而被学校除名。从此以后，他的母亲担负起了教育爱迪生的重任。爱迪生勤于自学，善于思考，特别是对科学实验如痴如醉。

1879年10月21日，爱迪生在新泽西州门罗公园实验室用碳化的棉线作为灯丝，成功地制作出世界上第一个电灯泡。这一发明是爱迪生一生登峰造极的成就。

1887年，爱迪生把他的实验室迁往西奥伦治以后，把他的多项发明制成产品并进行推销，同时创办了许多商业性公司。此后，他的兴趣又转到了荧光学、矿石捣碎机、铁的磁离法、蓄电池和铁路信号装置上。1892年，汤姆·休斯顿公司与爱迪生电力照明公司合并成立了通用电气公司。

在第一次世界大战期间，爱迪生又研制出鱼雷机械装置、喷火器和水底潜望镜等。

1931年10月18日，爱迪生在西奥伦治逝世，终年84岁。1931年10月21日，全美国熄灯一秒钟以示哀悼。

成就与贡献

爱迪生是一位举世闻名的美国电学家和发明家，他除了在留声机、电灯、电话、电报、电影等方面的发明和贡献以外，在矿业、建

爱 迪 生

筑业、化工等领域也有不少著名的创造和真知灼见。

爱迪生一生共有约 2000 项创造发明，为人类的文明和进步作出了巨大的贡献。据统计，他一生的发明中，在专利局登记的有 1328 种，如 1882 年就有 141 种，平均每 3 天就有一项发明；1887 年和他的助手狄克逊发明了在胶片间凿孔方法，解决了活动照片的放映问题，这便是"爱迪生型"影片的问世；1894 年发明的"电影视镜"面世后，深受人们的欢迎。

地位与影响

爱迪生是世界技术历史中最显赫的天才之一，是著名的发明家，被誉为发明大王。

电灯的出现是他最重要的发明，它改变了人类传统的照明方式，为人类的物质和文化生活的丰富多彩作出了卓越的贡献，使世界变得更加光明灿烂，人们称赞他是"打开电灯时代的领袖"。与之相应，人们的文化生活也发生了巨大变化，看电影、听留声机播音、欣赏爵士乐等成为时尚，人类的精神生活不断丰富了起来。

爱迪生的文化程度极低，对人类的贡献却这么巨大。他除了有一颗好奇的心，一种亲自实验的本能，还有超乎常人的艰苦工作的无穷精力和果敢精神。当有人称爱迪生是个"天才"时，他却解释说："天才就是 1% 的灵感加上 99% 的汗水。"

爱迪生开办的"发明工厂"，把许多不同专业的人组织起来，里面有科学家、工程师、技术人员、工人共 100 多人，爱迪生的许多重大发明就是靠这个集体的力量才获得成功的。他总是将成就主要归功于他的勤奋和创造性才能以及集体的力量。

爱迪生虚怀若谷，永远进取，醉心于科学研究，任何困难和挫折都没有影响他搞科学实验的决心，他不知疲倦的工作精神永远值得人们学习。

目录 爱迪生

好奇孩子

好奇好学的孩子 ············· 2
决心做一个伟大的人 ········· 7
在地下室里开始实验 ········· 10
艰辛的报童生涯 ············· 13
踏实的首创精神 ············· 17
奇思妙想的电报游戏 ········· 21

创新发明

工作效率让人震惊 ··········· 38
第一次获得发明专利 ········· 42
事业与爱情双丰收 ··········· 46
建立美国首家研究所 ········· 52
发明电话展开技术竞争 ······· 72
发明和改进留声机 ··········· 85
多次实验发明电灯 ··········· 97
服务用户不辞劳苦 ··········· 103
研制首辆电气机车 ··········· 107
成功研制电影设备 ··········· 110
灾后重建影片实验室 ········· 116
开发研制新型蓄电池 ········· 119
耗时十年制成新电池 ········· 122
研究探索电子管技术 ········· 126
不屈不挠开铁矿 ············· 130
重新振作生产水泥 ··········· 134

爱迪生 目录

生活趣事

再建温馨家庭 …………………………………………… 138
敏锐的音乐感觉 ………………………………………… 144
淡漠金钱和荣誉 ………………………………………… 147
废寝忘食地工作 ………………………………………… 150

战时岁月

动荡岁月被卷入战争 …………………………………… 154
发表对战争的看法 ……………………………………… 156
快速生产战时物资 ……………………………………… 159
积极投入海军防务 ……………………………………… 161

不朽人生

晚年的橡胶研究 ………………………………………… 166
造福人类的发明 ………………………………………… 169
不朽的成功秘诀 ………………………………………… 172
无悔的壮丽人生 ………………………………………… 175

附 录

经典故事 ………………………………………………… 190
年　谱 …………………………………………………… 194
名　言 …………………………………………………… 196

好奇孩子

世间没有一种具有真正价值的东西,可以不经过艰苦辛勤的劳动而能够得到的。

——爱迪生

好奇好学的孩子

1847年2月11日，托马斯·阿尔瓦·爱迪生出生于美国俄亥俄州的米兰。对这位新生儿为什么用复式名字，他的家人是这样说的：孩子的父亲塞缪尔·爱迪生的哥哥托马斯是在婴儿出世那天来到米兰的。为表示对哥哥的尊敬，便以他的名字来命名新生儿。另外为表示对帮助爱迪生一家在米兰团聚的阿尔瓦·布雷德利的敬意，就给新生儿取了第二个名字即阿尔瓦。

爱迪生的祖父约翰·爱迪生因为在美国独立战争中站到了英国军队的一边，英军战败后，约翰被迫带着全家躲到了加拿大的新斯科舍。他在那里以务农为主业，逐渐安定了下来。而爱迪生的父亲塞缪尔·爱迪生在伊利湖畔的维恩那城开了一家小旅馆，生活过得也不错。

在维恩那城有个名叫南希的女教师，她是苏格兰裔的加拿大人。塞缪尔追求她，他们于1828年结婚。后来，他们迁徙到了俄亥俄州的米兰。南希婚后生了7个孩子，爱迪生是家里最小的孩子。

爱迪生出生不久，他们一家就被迫离开了米兰。铁路的铺设导致了河运的萧条，米兰也就失去了其原来作为粮食经营中心的作用，工商活动也随之中止了。

1854年，爱迪生一家搬迁到休伦，在那里开始经营粮食和木材。

爱迪生的童年，在无忧无虑的欢乐中度过。他在孩提时身体很弱，但求知欲极强，很有进取心。孩子们都喜欢在休伦埠巨大粮仓附近的码头上玩耍，但时常由于不小心而掉到运河里，通常他们总是由一些偶然的过路人救起，爱迪生也有这样的经历。

爱迪生很善于观察,并从小就喜欢画画,而且画得不错。

爱迪生长大一点后,成了使家人伤透脑筋的孩子。不管什么事,他总是问长问短,真是麻烦透了。

看见黛妮摔破茶杯,他会问:"姐姐,茶杯掉到地上,怎么就会破了呢?"

维廉捉到了蜻蜓,他也要问:"哥哥,蜻蜓的眼睛怎么会长到头顶上呢?"

他的问题太多了,维廉感到不耐烦,便对他说:"那我也不知道呀。"

但他就接着问:"为什么不知道呢?"真是问得使人没法回答。

对于爱迪生来说,这个世界到处是数不清的奇异事物。家里面的事物不能满足他的好奇心时,他便到外面去寻找。

爱迪生经常穿过院子来到河边的一家造船厂,这里的木料上面经常散放着锯子、斧头、刨子等各种用具,爱迪生就一样一样地拿起来向工人提出各种不同的问题。

因为他所问的都是些很奇特的问题,人们常瞧着爱迪生那不大相称的身体说:"这个孩子一定不太正常,听说头部特别大是白痴的表现。"

爱迪生对于大人的答复感到不能满足的时候,就自己去实验。他5岁的时候,有一天看见母鸡在孵蛋,便好奇地问妈妈:"妈妈,那只母鸡怎么老是趴在那里?"

"它要给那些蛋加温呀!"

"为什么要加温呢?"

"它要孵蛋啊。"

"什么是孵蛋?"

"蛋孵了以后,小鸡就会从蛋里出来,鸡都是这样生出来的。"

"那么,给鸡蛋加温,就会生出小鸡来,是吗?"

"是啊。"

"嗯,真奇怪!"

有一天,父亲见他一动不动地趴在放了好些鸡蛋的草堆里,像一只母鸡,就不解地问:"你趴在草堆里干什么?"

爱迪生回答:"我在学母鸡孵小鸡呀!"

原来,他看到母鸡会孵小鸡,觉得很奇怪,总想弄清楚其中的奥秘,所以自己也就亲自试一试。

当时,父亲看见他这副滑稽的样子又生气又好笑地将他拉起来,告诉他,人是孵不出小鸡来的。

在回家的路上,他仍旧迷惑不解地向父亲追问:"为什么母鸡能孵小鸡,我就不能呢?"

有一次爱迪生看见篱笆上有个野蜂窝,野蜂飞出飞进,就想知道里面有什么秘密,便用一根树枝去捅野蜂窝。

结果,他的脸被野蜂蜇得肿胀起来,眼睛只剩下两道缝,几乎睁不开了。

有一年的春天,爱迪生和一个男孩子背对着和煦的阳光,蹲在草地上。

"喂,米卡,是不是有一种奇妙的感觉?"爱迪生瞪着灵活的眼睛发问。

"嗯,真有点奇怪。"那个有点傻里傻气的小男孩说。

"是不是身体要浮起来的那种感觉呢?"

"不,我觉得很想吐啊!"说这话时,米卡脸色发青,显得很痛苦的样子。

"哎哟,好疼哟,好疼哟……"不久,他两手摁着肚子,在地上打滚,并放声大哭。

爱迪生的母亲听到喊叫声,立刻从家里跑

了出来。"阿尔瓦,到底是怎么一回事呀?"

爱迪生疑惑地站起来,抬着头望着他的母亲,眼睛里仍然充满了好奇的目光。

"我正在做实验呢!是实验人的身体能不能浮到空中去。"爱迪生说。

"什么?浮到空中?"

"是啊。沸腾散不是会产生气体吗?体内充满了气体以后,米卡自然就会……"

"什么?沸腾散?你究竟给他喝了多少呀?"

"这么多。"爱迪生伸出双手,认真比画着给母亲看。

"哟,那么多呀!可怜的米卡会死掉的!"母亲急忙把在地上打滚哭叫的孩子抱进屋里,并派人去请医生。这一下子,把家里弄得天翻地覆。

"阿尔瓦,你这小东西真使人伤脑筋,老是恶作剧!"晚上,爱迪生被带到曾祖父留下来的古老大钟下面,挨了一顿鞭子。

爱迪生虽然被父亲狠狠地打了一顿,但他并没有哭,却一面数着鞭打的次数,一面心里想着:"这又不能怪我,都是米卡不好。那个家伙一点也不能忍耐,实验好不容易要成功了,却在中途弄坏了。"

休伦港的爱迪生家是一栋殖民地式的红砖建筑,塞缪尔就在这个院子里,建立了著名的"爱迪生的巴倍尔塔"。巴倍尔塔是引用《圣经》里所提及的一个高塔。

这个木造的塔,高约30米,走完螺旋形的阶梯到达顶端,可以将休伦湖以及远近的景色尽收眼底。在塔的顶端,塞缪尔装置了一个望远镜,并让爱迪生担任管理员。

爱迪生被塞缪尔吩咐去散发传单,传单上面写着:

美国第一高塔,在塔上可以看到世界各角落,开放供游客参观，门票仅收 2.5 角。

在最初的两个月里，门票的收入仅有 3 块钱。后来，由于铁路局的大力宣传，游览休伦湖的游客便与日俱增，爬上这个美国第一高塔的游客人数，很快就达 600 人之多了。

但是不久，游客却又减少了。于是，塞缪尔就把票价减低为 1 角，想借此吸引游客，但结果还是一样。因为巴倍尔塔原是请邻居帮忙建成的，所以很简陋，经风一吹就会摆动，那些胆小的游客爬到中途就因害怕而折返。这个高塔，最后变成了爱迪生和米卡两个的游玩场所。

爱迪生比以前更加顽皮了。有一次，爱迪生在库房里面玩火，差点被烧死。后来，家人问他为什么要玩那样危险的把戏，他回答说，他很想知道点了火，会发生什么样的事情。

爱迪生并非是单纯地搞少年恶作剧。从中可以看出爱迪生的个性：无论什么事，不经过亲手实验和亲眼观察，就不能算数。

决心做一个伟大的人

爱迪生8岁了,到了该上学的年龄。他就读的那所学校,是个很小的学校,只有一个班级和一名教师,恩格尔先生是老师又是校长,学校中的任何事情都是他一人说了算。恩格尔先生采用陈旧的教学方法,课程设置也很呆板。

随着年龄的增长,爱迪生的兴趣越来越广泛,他经常收集附近人家丢弃的一些东西,用这些废物制作出一些千奇百怪的小玩意儿,他还将这些东西带到学校,在课堂上摆弄。

爱迪生有着刨根问底的天性,他对于课业方面的问题同样非常固执,一个问题没有得到令他满意的解答就不去做下道题。为此,不了解他个性的恩格尔先生认为他很愚蠢,把他当作是一个迟钝的学生。

爱迪生来学校还不到3个月,老师便把他的母亲叫来说:"这孩子实在太笨,让他留在学校里只会妨碍其他学生,我看您还是领他回家吧。"

爱迪生的母亲听了这些话非常生气:"我认为阿尔瓦比大多数同龄孩子都聪明,我想我可以教我的孩子,他再也不会到这里来了!"

回到家,母亲问爱迪生:"你在班上考试成绩是第几?"

"倒数第一名。"

"你不认为这是耻辱吗?"

爱迪生抬起头,理直气壮地说:"我并不觉得丢人,我倒觉得很不服气呢!"

"为什么?"

"因为我想知道的事情,老师一点都不教,只教那些我已经知道了的事情。"

他母亲听了他的这种回答,脸上立刻浮出了笑容。

"那就好了,妈妈不会骂你的。说实话,阿尔瓦,妈妈今天被老师找去谈过话了。"

"嗯!"

"老师说你是一个低能儿童。"

"低能儿童?"

爱迪生愣了一下,抬起头来直盯着母亲。

母亲又恢复严肃的表情,明确地说:"是的,老师说你是低能儿童。可是,妈妈并不这么想。相反地,我却认为你具有别人所没有的天赋。我看你是不喜欢上学吧?"

"是的。"爱迪生不好意思地回答。

"那么,从明天起,你就不要再上学了。"

"真的吗?"

对于这个意外的决定,爱迪生感到十分惊讶。

母亲继续说:"妈妈今天跟老师说好了。假如学校认为你是低能儿童,学校无法教育,我就在家里好好地教育你。不过,妈妈今天要你答应我一件事。"

"好的,什么事?您说吧!"

"妈妈已经下定决心,无论如何,我一定要使你成为一个伟大的人。我要尽全力来教育你,非把你教育成世界上第一流的人物不可。你会答应我用心学习吗?"

"妈妈,我答应您一定要做一个伟大的人。"爱迪生流出眼泪,大声说道。

"不管别人怎么说,我们可以不理他。只是今天所说的话,你可别忘记,你一定要做一个伟人。"

"是的,我一定要成为世界上第一流的伟人!"

从此,母亲就成为他的家庭教师。

小爱迪生虽然天真、好动、贪玩,但他愿意接受母亲的教育方式。他从母亲那里得到的不仅是知识,还有学习方法。母亲认为,多思考比简单的死记硬背更重要,只要他看得懂的书,不管知识多么深奥都给他看。小爱迪生不仅博览群书,而且一目十行,过目成诵。

8岁时,小爱迪生读了英国文艺复兴时期重要的剧作家莎士比亚、狄更斯的作品和许多重要的历史书籍。

9岁时,他能读懂难度较大的《自然与实验哲学》。这本书有好几百页,书中内容从蒸汽机到氢气球涉及很广,关于那个时代的科学知识,差不多都有涉及,这是一本中学毕业生都觉得难懂的书。

10岁时,他便读完了吉朋的《罗马帝国衰亡史》、休谟的《英国史》、席尔的《世界史》。

以前父亲经常取笑他,说他是傻瓜和无能,如今,看他有了这样好的成绩,也开始关心起爱迪生的学业,并常为他鼓励叫好。

爱迪生后来回忆说:"我妈妈造就了我,她对我这么肯定,我觉得我为她而活,我不能让她失望。"

在地下室里开始实验

爱迪生的学业，一天天地在进步，但只有数学这一门课是他最感棘手的。

引起爱迪生对科学的兴趣，是派克的《教学用哲学》这本书。这本书是母亲给他的一本基础科学课本，是关于如何在家里做化学实验的。

爱迪生着迷了，他从这本书学到了理化学的概要后，便形成了他那非经实验就不能算数的执着性格。

10岁那年，爱迪生在家里的地下室建了一间科学实验室。他做了书上的每一个实验。

他把所有的零用钱都拿去买药品，回来后便在地下室里开始实验。他把地下室称为"爱迪生研究所"，一旦进去以后，没有两三个小时是不会出来的。

爱迪生父亲试图用一角钱让他走出地下室去读书。爱迪生这么做了，可是他又用这一角钱买了更多的化学原料来做实验。为了防止有人拿走他珍爱的原料，他在他所有的瓶子上都贴上了"有毒"的标签。

从此，爱迪生就成了一位孜孜不倦的实验者。

有一天，母亲感到有些好奇，便趁爱迪生不在的时候，偷偷地跑到地下室，一看，不由得叫了起来。

原来，地下室的木架上摆放了200多个药瓶子，全部贴着"有毒"的标签，以防止他人乱动。桌子上横七竖八地放着一些试管，蓝色的液体从桌子流到地板上。椅背上挂着几块破布，地上则散落着木屑和铁屑。

"阿尔瓦,你究竟在地下室做些什么呀?以后不许你再胡搞啦。"母亲见了爱迪生就训了他一顿。

爱迪生看见母亲生气了,显得很失望,望了望母亲,然后自言自语道:"那是因为我要想做世界上第一流的伟人啊!"

母亲听了,不禁一愣。没想到11岁的少年,还记得那天的誓言呢!

"不,阿尔瓦,妈妈并不是要你停止实验,只是不能那样做。你能再答应我一次吗?"

"好的。"

"你能把地下室打扫干净,把药瓶子和试管放得整整齐齐吗?"

"可以。"

"去买一把锁,当你不在的时候,把地下室锁起来,不让别人进去。你做得到吗?"

"我会做到的。"

"那就好了,你可不要忘记,照着刚才所说的去做吧。不然,我就收回实验室。你现在可以到实验室去了。"

"谢谢您,妈妈。"

母亲含着眼泪,望着跑进地下室的爱迪生的背影。

爱迪生在数学知识不多的情况下,吃力地读完了牛顿的《自然哲学的数学原理》。这本书教他如何重视实践,而不是理论,奠定了他日后成为一名伟大发明家的思想基础。

读了牛顿的这部杰作,爱迪生开始蔑视数学,这种态度并不是由于他不需要借助数学去判断涉及数学的许多问题,而是因为爱迪生的一些朋友为他解释了《自然哲学的数学原理》一书中的许多疑难问题。

爱迪生后来还得出了这样的结论,他认为如果牛顿少知道些数学问题,他的知识面就会更宽些。

爱迪生从此开始讨厌数学,并一直没有恢复对它的好感。爱迪生把数学看成是一种数字工具,可以用它完成推理的逻辑结论,但数字却不能帮助人们理解这一结论。

爱迪生之所以在财富的积聚上远远超过了大多数数学家,就是因为他夜以继日地做实验并能把发明很快地转化为产品。

多年之后,爱迪生向世人宣称:"我可以雇用数学家,而他们却不能雇用我。"

艰辛的报童生涯

1859年，从缅因州的波特兰至圣克莱尔河东岸萨尼亚的主干线铁路实现了部分通车。在圣克莱尔河的西岸，开辟了连接萨尼亚与休伦港的轮渡，还开辟了从休伦港到底特律的南北单行线。这一年，爱迪生已经12岁了。

爱迪生听说从底特律到休伦港的新铁路上需要一个男孩在火车上卖水果和饼子，铁路公司不付任何报酬，但可以用很少的钱进货，然后在火车上用高一点的价钱卖出去。他告诉母亲自己想到火车上去卖水果和饼子，但母亲极力反对。

经过对母亲的耐心劝说和起誓保证，爱迪生开始在休伦港驶往底特律的早班列车上做了报童。

在火车上工作时，爱迪生一会儿也不闲着，总在不停地忙碌。实在没事可做的时候，他会随便找个地方休息一下。他只需睡几分钟就可以达到别人睡几小时的效果。

爱迪生做报童的那趟火车是每天早晨7时驶离休伦港，10时抵达底特律，17时30分返回，21时30分到达休伦港。火车到底特律后他先去报馆批报，准备在归途上卖。

每当火车抵达车站后，没售完的报纸就会被在车站玩耍的孩子们抢去帮他卖掉。很快，铁路局又开通了一条新的线路，从底特律到格拉提渥加，新线路的火车是每天朝发夕归。

爱迪生在这趟新开通的车上雇了一名报童。每天早晨他把从底特律贩来的两筐蔬菜装上火车，火车到站后，他的助手便把菜运到他租下的由另一个小孩看管的摊上去。从底特律贩来的蔬菜比当地的蔬菜新鲜得多，因此销售量日渐增加。

爱迪生不只是卖菜，他还利用这条铁路逐渐发展了多种经营。他帮农民们将新鲜的奶酪运给底特律的果商，他还贩卖各种水果。不久，新干线上又增加了一趟列车，在这趟列车上，爱迪生又雇了一个男孩做他的帮手。这样他每天能收入好几元钱，相当于当时一个成年人一天的劳动收入。几个月之后，爱迪生就能在一星期内赚到20美元，这在当时已算是一笔不小的收入。

就这样，一个12岁的报童，不知不觉已经变成一个"少年资本家"了。

其实他的目的并不只是赚钱。当时曾替他主持那一家蔬菜店的少年说，爱迪生有着中等的身材和棕色的头发。他是一个性情温和的少年，他只要一工作起来，总是废寝忘食地干。他总是买最便宜的衣服穿，一直穿到破烂不堪的地步才换新的，但会经常保持衬衫的干净，却很少梳头发，皮鞋也从来不擦。

孩子们大部分都很喜欢钱，但爱迪生却对于金钱毫不关心。当这个代替爱迪生经营蔬菜店的少年把卖菜的收入交给他的时候，爱迪生总是满不在乎地塞进口袋里。有一次，少年请他点一点数目，他却回答说："用不着点，没有关系的。"小雇主爱迪生很慷慨，常约少年去吃中饭，每次都由他付钱。

爱迪生很喜欢听笑话，但似乎时时刻刻都在做研究，别的孩子在谈论的事，他总不大去理会。他衣服的口袋常带着书，看他的样子，好像老是在思索着什么事情似的。

爱迪生在火车上工作了几个月之后，他在休伦港开了两个店铺，一家出售期刊，另一家卖蔬菜、黄油和水果。一个店铺雇用一个伙计，他们共同分享利润。每天，爱迪生都会从营业收入中抽出1元钱交给母亲贴补家用。余下的除了吃饭以外，全部用来购买书籍和实验用品了。

火车进入底特律站后，要在那里停留6个小时，每当这时，爱迪生匆忙打理好他的生意后，就赶到阅览室去读书。

那是由青年人协会承办的一个阅览室，不久就被改建为底特律公共图书馆。每次爱迪生到图书馆去读书，都要读到火车即将开动时才匆忙离去。

爱迪生在图书馆读书时，经常是一边读书，一边做笔记，还一边思考新的实验方法。回到休伦港，他就将新的方法应用到实验当中去。他完全陶醉在这种全新知识的天地中。

铁路在美国当时已经相当发达，但火车仍是旧式的，也就是由储藏室、抽烟室和载客室三节车厢组成一列简陋的火车。其中储藏室又分成了几个房间，一间放货物和行李，另一间放邮件，还有一间是简单的休息室。

这间休息室由于不通风，空气污浊得令人窒息，所以并没有人来这里休息。于是，爱迪生动起了脑筋，如果能把实验用品带在身边，随时都能做实验那该多好啊，他想到列车上那间空闲的休息室。

征得了列车长的同意，爱迪生第二天就开始将他的那些实验器材和药品搬到火车上来做实验。

最初他只有一点点药品，后来他把卖报的钱全部用在购买实验仪器上，实验仪器的数量日渐增加，火车上那间空闲的休息室逐渐变成一间完整的实验室了。

实验一旦开始，他需要随时观察，不能再在车内跑来跑去做生意了。

爱迪生想出了一个办法。那时美国小学在星期六和星期天都放假，他就让闲着的孩子乘车，在火车上替他卖糖果食品。

采用了这个办法，爱迪生在星期六和星期天，就可以没有顾虑地做他喜欢做的化学实验了。

有一天，爱迪生在街上遇到一个手指关节发肿的人，便很热心地跑过去问他：

"伯伯，你的手怎么啦？"

"唉，我也不知道啊！"

"那医生是怎么说的呢？"

"有各种不同的说法呀，总起来说大概是关节炎。"

"关节炎？"

"嗯，说是关节里积留了许多尿酸。"

"那为什么不把它弄掉呢？"

"就是不知道怎样才能弄掉呀。"

"为什么不知道呢？"

"因为没有溶解尿酸的药品。"

爱迪生回到实验室后，立刻取出几十支放着各种水的试管，把尿酸的结晶放进试管里。两天以后，发现尿酸可以在某种药品里面溶化，其中的四乙基氨，今天还被用来治疗关节炎等病症。

爱迪生的实验精神，连大人也比不上。

踏实的首创精神

1862年初春,15岁的爱迪生发现,每当报纸上刊有战争消息时其销量就比平时大为增加。若是他能预先得到这类消息,那他便可以先宣传一番,以此来争取到更多的购买者了。

于是,他先找到了一个《底特律自由报》的排字工人,和排字工人约定在新闻稿送上印刷架之前,先让他看一遍校样。这样,爱迪生便可以提前知道第二天报纸的内容,根据报纸内容来判断能卖出多少报纸,然后再决定买进报纸的数量。

一天下午,爱迪生看到一群人围在底特律车站布告栏前读贴在那里的报纸。读后他得知许多人在夏伊洛战役中战死,心想:"这是一条重大新闻,必须让前方各站知道前线战事!"

于是,爱迪生飞快跑到车站的电信室,对电信员说:"拜托,拜托,请你马上拍电报给各站,要他们在车站布告栏里张贴夏伊洛激战的消息。"

接着爱迪生跑到《底特律自由报》报社。他对卖报的人说:"今天请多给我1000份报纸,现在我只有300份的钱,差多少钱我明天付给你。"

爱迪生的帮手在站台上帮助他把一大捆报纸送上行李车,沿途各站的人们以高出平时好多倍的价格把他买进的1000份报纸抢购一空。没有什么比阅读在夏伊洛牺牲或者受伤者的名单更重要的了,也许在死者或伤者当中会有他们的亲人。

就这样,爱迪生一下子赚到了一大笔钱。

他卖完报纸回家后,平时总是给他母亲1美元,但这一天他给母亲100美元，以此感谢母亲带给他的智慧。

在内战时期，每个人都争着抢着购买报纸，都想早点了解关于战争的最新消息。搭火车的人也都想看些有趣的报道和读物，以打发孤寂沉闷的旅途。

爱迪生想，若能在车内发行报纸，销路肯定不错。实验的项目在逐渐增多，卖报的钱已经不能满足添置实验器材的需要，因此必须再多赚点钱才行。

爱迪生打算自己发行报纸。但是那个时代，印刷机的价格很高，爱迪生根本买不起这么昂贵的机器。而且报纸的撰稿人也必须是行家，因为只有行家才能写出好的新闻报道，爱迪生也没有那么多钱，不能出高价来聘请这些行家。

这些客观因素都在制约着爱迪生，他自己发行报纸的计划不得不暂时搁浅。

有一天，爱迪生正在马路上散步，无意中在一家名叫路易斯的店铺里发现一种印菜单的小型印刷机。

爱迪生仔细询问了机器的价格，觉得也不算贵，当即就买下了这台印刷机。

爱迪生从来没有办过报，也不懂得撰写方式，于是他便以凡事不服输的精神开始研究起来。充满智慧和悟性的爱迪生很快就能写出出色的新闻报道了。

爱迪生的报纸很快就要发行了，他既是社长、记者、发行人，同时又是印刷工人和报童。办报的全过程都由他一个人包揽，所以他的工作十分繁重。但爱迪生并不觉得辛苦，反倒有一种前所未有的成就感。

爱迪生的报纸不能办成日报，因为采访新闻和写报道都需要很多时间。于是他把各地的主要消息收集起来，一周发行一次，并将自己的这份报纸命名为《大干线先驱报》。

爱迪生就这样成了记者、编辑、排字工人、校对员、印刷工和报童。

报纸的发行份数达到了几百份。该报不只是报道地方新闻，而且还报道最有意思的世界时事。

爱迪生在自己的报纸上，刊登了他从书中所摘抄来的技术资料，报道了各种技术和科学新鲜事物。例如，爱迪生为庆祝美国工程师在蒙特利尔附近的加拿大圣劳伦斯河大桥的建设者罗伯特·斯蒂芬森的功绩，单独印发了一期报纸论述和颂扬这位著名的设计家和建设者。

因为人们对报纸的需求量增长了，爱迪生赚的钱也大大增多了。虽然如此，但爱迪生后来就再也没有从事过写作和出版工作。

爱迪生在少年时代就已有首创精神和踏踏实实要干一番事业的愿望和表现，而且他的这种首创精神和愿望是经过深思熟虑和合理的商业性核算后才产生的。

有一天，火车开到离休伦港不远的地方，因路轨铺得不太整齐，车身忽然震动起来。

"轰"的一声，爱迪生在火车上的实验室里放磷块的玻璃瓶从架子上滚落下来，打得粉碎，磷因摩擦起了火，把地板燃着了。

爱迪生想扑灭那迅速燃烧的火，可是火势越烧越猛。一个名叫亚历山大·史蒂文森的铁路业务员推门冲进来，将火扑灭。

然而，管理员却伸出手来打在爱迪生的面颊上，爱迪生"哎哟"一声，立刻用两手捂起耳朵。

"你看，都是你做的无聊实验，才会弄成这个样子。像你这样危险的家伙，不能再让你上车了，你滚！"

火车到了蒙特·克列敏斯车站，爱迪生就被拉了下去，他辛辛苦苦所收集的一些实验材料，也都被管理员从窗口扔了出去。

这是爱迪生一生中所受的最大打击。损坏的机器和药品，有钱就能买到。爱迪生这次所失掉的，是用钱也买不到的可贵东西——听觉。因为，管理员一气之下重重地打他的那记耳光，打破了右耳鼓膜。从此，爱迪生的右耳就再也听不到声音了。

爱迪生后来曾乐观地说过这件事："我的右耳聋了，对我来说倒是有很大益处。在电信局服务的时候，我可以只听到电报机的声音，不像其他的人那样，会受到杂音的干扰。我需要将留声机和电话机加以改良，使自己的耳朵能听到，唯有如此，它们才更加实用。而且，不管在多么吵闹的街上，我都能集中精神做事，就像住在宁静的乡村一样。"

耳聋虽然带给爱迪生很多的不方便，却也因此成为他一生的转折点，促使他发明更多东西。

爱迪生在火车上闯了祸，只得辞职回家。

奇思妙想的电报游戏

后来,爱迪生又有了属于自己的新的实验场所,这是他的母亲重新为他开辟的。

为了防止意外,母亲把新实验室设在了顶楼上,地窖里只堆放器材和杂物。爱迪生利用这个新的实验室开始进行电学实验。其中之一就是"电报游戏"。

爱迪生原来就很喜欢电报机,尤其和一个叫狄克的朋友一起去参观电信局以后,他对电报的兴趣就更加浓厚了。

"狄克,我们两个人来做电报机,互相通信吧。"

爱迪生兴奋地说。

"真是个好主意!"

狄克开心地跳了起来。归途中,两个孩子就这样约定好了。

不论清晨或者是半夜,只要一有空闲,爱迪生和狄克就翻阅有关电信的书籍,专心致志地研究机器的构造和原理。

那时,电信事业才刚刚开始。所以要找一个隔电瓷和一条电线,都不是件很容易的事。

爱迪生和狄克绞尽了脑汁,终于想出用空瓶子来代替绝缘器的办法。不过,最让他俩伤脑筋的还是电流。

"啊!有办法啦!摩擦猫毛就能产生电流呀,我们来试试看!"

爱迪生激动地说。

于是,他们从附近捉来了一只猫,开始用力摩擦猫身上的毛。

由于过力摩擦,猫感觉很不舒服,就在爱迪生手上拼命抓了一下，大叫一声后跑掉了。

经过这样可笑的失败之后，他们终于从狄克家的屋顶到阿尔瓦家的树尖上，装好了一条电线。

当电报机开始发报的时候，他们俩真是兴高采烈，唯一不高兴的就是爱迪生的父亲。

"阿尔瓦，不要玩得那么晚，11点钟就应该睡觉的。"

父亲严肃地说。

这样一来，爱迪生太失望了，卖完报纸回到家，总是在22时左右。如果23时就得睡觉，那可就没有多少时间了。很快，爱迪生又想出一个妙计。

有一个晚上，爱迪生空着手回家。

"怎么啦？阿尔瓦，今天的报纸全部卖光了吗？"

父亲在就寝前，总要读爱迪生带回来没卖出去的报纸，这已成为他每天的习惯了。

"不，还剩下几份，可是全都被狄克带走了。"

"那你去跟他要一份回来好了。"

"好，请您等一下，我去叫他看看。"

他走到电报机旁，"喀嗒、喀嗒"地搞了一会，电报机开始响了。

"爸爸，狄克说要把重要的新闻，用电报发送过来。噢！是南北战争的消息，格兰特将军……"

爱迪生的计谋成功了，父亲关切地问："格兰特将军怎么啦？"

于是，他们俩便借机实验到晚上一两点。

但是，有一个晚上，一只牛跑进果树园里来，牛的犄角勾住了电线。牛着了慌，它越想摆脱掉，电线越是紧紧缠住它不放，它大叫起来。附近的人们闻声赶来，立即把电线割断，这只牛才获得解放。可是，爱迪生最感得意的电报，却因此不能再通信了。

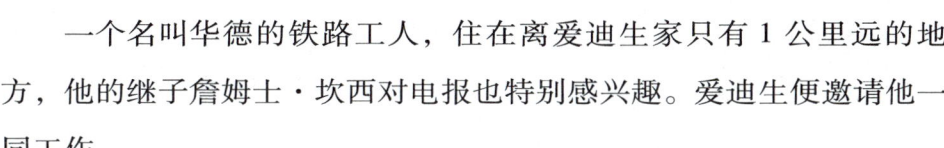

一个名叫华德的铁路工人,住在离爱迪生家只有 1 公里远的地方,他的继子詹姆士·坎西对电报也特别感兴趣。爱迪生便邀请他一同工作。

在当时没有一家专门出售电报材料的商店,所有材料都得自己做。爱迪生收集了好些拴烟囱管的铜丝,把铜丝拴在他们两家的屋顶上,在离地七八尺的树枝上把电线架设起来,用玻璃当作绝缘器。

爱迪生实验用的所有零部件都是手工制成的。电磁线圈的电线外面包了些破布,用来绝缘,而电键则用一些零星的金属片来充当。取得电源是实验中最难解决的一个问题。爱迪生翻看资料,然后自己动手制造简单的电池。

一切准备就绪,两人开始实验发报。坎西在电线那头接收,爱迪生在电线这头。长短不一的"嗒嗒"声,在夜深人静时分显得格外清脆悦耳。

电报是爱迪生真正搞出来的第一项发明。在爱迪生 15 岁那年发生了一件事,因而改写了他的人生。

那是 8 月的一个早晨,爱迪生像往常一样在大干线铁路上卖报,他看到一个小男孩正站在铁轨中间玩抛石子的游戏。突然有一列货车从他身后驶来,爱迪生急忙扔下报纸,冲下站台,抱着那男孩摔倒在路基上。

被爱迪生救起的男孩叫吉米,他父亲名叫麦肯基,是克利门斯山火车站站长。由于感激,他邀请爱迪生住到他的家里。

爱迪生在卖报之余经常到火车站的发报室去研究那里的仪器,这一点麦肯基也注意到了。因此,麦肯基认为爱迪生也许想学电信技术,将来做一个通讯员。

麦肯基对爱迪生说:"爱迪生,你救了我的小孩,我应该好好报答你。我看你对电信方面的机器很有兴趣,我可以教你掌握电信技术，是免费的。"

于是，爱迪生一面在车站卖报，一面在发报室做见习报务员，不久，便以一个正式报务员的身份加入车站工作人员的行列。

当时，电报还是一个新生事物，没有多少人能够收发电报，最好的报务员每分钟只能收45个字，想干好这行的确很难。所以，能收发电报的人几乎到哪儿都能找到工作。

掌握了电信技术的爱迪生打算做一件非常重要的事情，就是要找到一个能运用这种新的电报技术的地方。他找到一个店铺，这个店铺设在休伦港的一条主要街道上。那里有空地，只要付钱就能用。然后，他从自己的电信局到休伦港间架了2公里多的电线，他准备开办自己的电信局。

爱迪生的电信局开张很久，却一直没有多少生意，因为在这个小镇上，早已有了另一家电信局。

托马斯·沃勒是另一家电信局的负责人。沃勒在他的店铺里经营许多项目：珠宝、书籍、钟表。沃勒急于参军，在离职以前，他急需找一个能够顶替他的人。爱迪生聪明伶俐，又是麦肯基的徒弟，当然是最合适的人选了。于是爱迪生顶替沃勒，负责电信局的工作并且经营店铺。

爱迪生接手了沃勒的电信局，这使他不仅能自由自在地工作，而且由于电报房的办公室又是珠宝店的一部分，钟表匠的工具也放在这里，他可以随意使用这些工具，用来制造自己的电信设备。

1864年冬天，连接休伦港和加拿大城市萨尼亚的大湖冰封雪冻，水底电缆被冰块划断，湖面停止了交通，两座城市的通信处于瘫痪状态。人们都在急切地寻找解决问题的办法。

爱迪生提议如果能给他一辆车头和一个司机，他便可以和对岸通信。铁路公司同意了。

爱迪生爬上了靠近湖边的休伦港路段的一辆机车，拉响了汽笛，用笛声发送莫尔斯电码。对岸的人被这长长短短的汽笛声吸引了，大家都聚集在岸边倾听。这笛声不久便被加拿大的一个电报员听到，马上跳进那边的火车，也发出汽笛回答。就这样两座城市又恢复了通信。

用火车汽笛声也可以发送电报传递消息，实在是太新奇了。于是，铁路公司雇爱迪生做斯特拉福特枢纽站的电报员，负责在夜间接收电报，工作的时间是从晚上19时到第二天早上7时。

按照铁路当局规定，值夜班的报务员是绝对禁止当班的时候睡觉的，到21点钟以后，每小时必须发送一次信号，以表明他正在清醒地执行任务，没有偷懒睡觉。

爱迪生白天钻研电报原理不肯休息，晚上不免眼睫毛打架，要小小地打上几个盹儿。他也知道，工作时间睡觉是不对的。可是一晚上收报的次数并不多，而且已经摸出规律，时间方面完全可以把握住。那么，在不妨碍正常业务的前提下，利用空隙适当休息一下，应该是无关紧要的。只是这1小时发回信号的规定，真像根细麻绳在心上打了个死疙瘩，叫人牵肠挂肚，烦躁不安。

人们说，需要是创造发明的母亲，这话一点不假。为了解掉心上的这个死疙瘩，值班时可以安心休息，他设计了一种小小的装置。这种装置能叫电报机自动按时拍发信号，既准确又可靠。

总局里管电话的莫斯先生，看到爱迪生所发信号准确无误，甚至一秒钟也不差，认为这绝不是一般人能办得到的，心里十分佩服爱迪生，表扬了斯特拉福特分局这位夜班报务员。说是斯特拉福特分局夜班报务员，工作勤勉，忠于职守。

爱迪生也暗自高兴："这倒不错，今后白天钻研电报原理，晚上当班找空子睡觉，也可以更加放心了。"

但是爱迪生"放心"了没多少日子,他那值班打盹儿的秘密,到底还是被表扬他的莫斯拆穿了。

这天夜里,莫斯有事要跟斯特拉福特分局联系,便发出呼唤信号,喊对方回答。可是喊了半天,竟似石沉大海,毫无反应,他心里禁不住焦急起来:奇怪!刚刚还准时发出规定信号,怎么一下子变成哑巴了?线路有毛病吧,才检修过的呀。值勤人员贪睡偷懒吧,该局夜班报务员一贯认真负责,从无苟且失职等情况。两种假设都不能成立,其中一定另有缘故。

于是,见多识广的莫斯又想到:连年内战,兵荒马乱,枪杀案件多如牛毛,数都数不清。莫不是斯特拉福特分局碰上强人打劫,夜班报务员英勇抵抗,横遭不测?

想到这里,车务主任不觉打了个寒战,坐不住了。他吩咐立刻准备手摇车,带着两名助手,风驰电掣般赶到了想象中的肇事地点。

夜深了,满天雾气腾腾,出去十来步就看不清人影了。斯特拉福特分局里狗不叫,人无声,阴风惨惨,真是一片劫后凄凉景象。莫斯叫两个助手在外守护,自己一步步摸进报务室里。昏暗的灯光下,只见爱迪生直挺挺地躺在椅子上,看样子早已一命呜呼,断气多时了。

看到此情此景,车务主任不觉倒抽一口冷气。他两眼发直,僵住身子一动不动,呆了老半天,才如大梦初醒,哆嗦着腿走过去,想探个究竟。

首先,他发现爱迪生面目如生,看不出一丝丝惨死暴亡的迹象。再哈下腰把耳朵凑到对方鼻子上,又觉得热风拂面,明摆着还在喘气儿;只听见呼声作响,分明是均匀的鼾声。

"他妈的,活见鬼!原来是在睡觉!"

莫斯嘴里狠狠地骂着,心上像燃起了一团火,直冲天灵盖。刚要伸拳往对方身上打去,眼光突然落到了那个小小的装置上。心想此物

摆得蹊跷，灵机一动，又把手缩了回来，嘟囔着说：

"让我看看这小子到底在搞什么鬼把戏。"

他踮着脚走上去，仔细观看。那小装置结构并不复杂，是在发报机和一只闹钟之间。安了个缺口轮，缺口轮上搁着根小棒子。闹钟走动时，缺口轮也跟着慢慢打转。他边看边寻思："没有错，一定是个警报器。到时候这么一响，这小子就起来拍发规定信号，完了再安心睡大觉。"他决定耐心等下去，亲身实地观察，把事情弄个水落石出。

这时，他心上那团无名之火，已经被好奇的泉水泼熄了。他找了个阴暗的角落，再搬把椅子作掩护，蹲在那里以侦察的眼光，窥探周围的一切。

眼看规定发信号的时间渐渐临近，莫斯嘴角上泛起一丝笑意。他仿佛置身在戏院的包厢里，只要铃响幕启，便可大饱眼福，欣赏一出名角儿的拿手好戏了。

正想到得意处，那只台钟扯开铜嗓子，"当当"地报起时来。车务主任心上一机灵，不知不觉收起脸上的笑意，鼓着眼珠静等事情的发展变化。

但是，出乎意料的是，他并没有听到任何报警的声响，爱迪生还是若无其事地睡得又香又甜。正疑惑的时候，随着闹钟的最后一次敲打，只听得"咔嚓"一响，缺口轮上的那根小棒子从缺口里落下来，扣在电报机的电键上。准确无误地把规定的信号拍发了出去。

车务主任看罢，又呆了老半天，才将吐出的舌头缩回去。

"难以想象！"

他啧啧赞叹着，打屋角里走出来，重新把那个小装置细看了一下。这下他才发现，缺口轮的转动，跟闹钟分钟的步调是一致的。分针从"12"走到"12"是一圈；缺口轮也从缺口转到缺口，也是一圈。时间不多不少，刚好1个钟头。

原想识破机关，当场要人家好看的，结果弄巧成拙，反过来倒叫人家耍了。莫斯越想越不是滋味。羞惭、恼恨绞在一块儿，由不得怒从心头起，恶向胆边生。他气势汹汹地走上去，当胸一把拉着衣领将爱迪生拖了起来，狠狠地骂了一顿。就这样，爱迪生被从斯特拉福特枢纽站赶了出来。

此时，南北战争硝烟冲天，正厮拼在火头上，而信息对于战争的重要性更是不言而喻。于是大批报务员被吸收到了军队里，地方上通信人员奇缺。因此，掌握最新式通信工具的报务员，便成了左右逢源、到处吃香的人物。不过，这只是事情的一面。

另一方面，在少数人统治多数人的社会里，重的是情面靠山，专讲究拍马吹牛。只要他的来头大，会阿谀奉承，即使是不学无术、彻头彻尾的废物，也能捧上金饭碗。相反，就算你本事很大，能力很强，也会到处碰壁，弄得英雄无用武之地，找不到工作。

对爱迪生来说，头一个条件是有利的。所以从斯特拉福特枢纽站一出来，立即又在阿德里安找到了新的工作。可是拿第二个条件来衡量时，爱迪生就不合格了。因此他在新岗位上待了没多久，就被人家扣了顶"冒犯上司"的帽子，一脚踢出门来。接着，他又到威因炮台当上了报务员，但也不过3个月工夫，还是得卷铺盖滚蛋。原因很简单：据说是所在单位的主任有个朋友，看中了爱迪生占据的那个职位。

现在，威因炮台也待不下去了，可爱迪生并没有难过，更没有气馁。他想起了爸爸塞缪尔常说的那句话："没关系，'手眼为活'，走遍天下，也是指着两只手来打拼的。"于是又迈开脚步，走上新的征途，来到了举目无亲的印第安纳波利斯。

冬天的早晨，气候格外寒冷，大街上、屋顶上、树梢上，都披着一层厚厚的霜雪。爱迪生头戴破呢帽，身穿斜纹布裤褂，拖一双后跟倒塌的大皮鞋，在大街上转悠着寻找工作，打听有哪里需要报务员。

接连问了好几家电报局，都说没有空位置。后来才在联邦西部电报公司找到一个报务员的工作。

当时的美国，电报才发明不久，正处于草创阶段，很多地方还很不完善，有很多需要改进的地方。但是报务员对于市场来说却一直是供不应求，一般懂得电报方面技术的报务员只要得到了这份工作就很心满意足了，不肯再在上面多费心血。

可是爱迪生却不这么认为。他是从《派克科学读本》上得到启发，把它当作一门科学知识、一种科学实验开始学习的。此后，拜麦肯基为师，看书探索原理，也抱着同样态度。在他的心目中，从事这项工作，钱并不重要，问题在于如何往深处钻研下去，步步提高，精益求精，能够在这方面作出点有益的贡献。

如今，他在电报方面的造诣，可说是已经相当深厚了。

他不但操作熟练，业务水平很高，而且通晓科学原理，从深层次理解和掌握了这项工作。也正因为如此，他来到联邦西部电报公司以后，便对电报机的结构、性能，开始不满起来。他首先感到：电讯越来越繁忙，需求在逐日增长，而一条线上每次只能发回一个电报，未免太死太慢了。如果能同时发送两个，那效率岂不是能一下子翻一番，提高一倍。还有纸条记录设备，也可以改进一下，如果能提高纸条的记录速度，抄报质量就能大大提高。

有一天，他找到跟他一起值班的那个同事，把改进记录设备的想法说了说。同事一听，抽着烟想了会儿，疑惑地说：

"好是好，不过一定得有把握才行。不然，耽误了收报，这个责任我们是担当不起的。"

爱迪生没跟他多费口舌，拉着他走到宿舍里。他搬出一套收报装置，将自己几天来的实验结果，干净利落地当场表演了一番。

表演完了，他又把机器拆开，把改进了的地方、依据的原理一一给同事说明清楚：

> 我把它叫作二重记报机，上下安着两套记录设备。上面这套跟原先一样，完全根据对方拍发的快慢将电讯记录下来，对方拍得快，它记得也快，对方拍得慢，它记得也慢。速度掌握在发报人手里，收报者无法控制，完全处于被动地位。可是下面加装的这部记录机，情况就不同了。报务员通过它进行抄报的时候，速度快慢，可以随心所欲，任意调节，所以抄下来的电文质量比过去有显著的提高。

那个同事看了实地操作，听了详细讲解，一脸的兴奋与惊奇，先前笼罩在心上的那团疑云，像是骤然遇到一阵疾风，早刮得烟消雾散、无影无踪了。

看到同事这股高兴劲儿，爱迪生满心欢喜地说：

"行，我们今天晚上就用它试试看。"

为了避免不必要的麻烦，他们决定偷偷进行试验。上班的时候把新设备装上去，下班再拆下来恢复原状，以求不留一点蛛丝马迹。

不久，公司经理逐渐发现，凡是爱迪生当班抄得的报文，不但从无差错，而且清清楚楚，整齐美观，心里也很是欣赏这个年轻人。他拣了几份特别好的，让人贴到大厅里去公开展览，让大家见识见识，学习学习，同时也是对爱迪生的一种鼓励。

"展览品"一贴出去，便招引来很多观众。有的是爱迪生同行，有的是普通职员。这些人着眼点虽然各有不同，可是观后感却差不多，一个个都异口同声地喝彩叫好，佩服得五体投地。其中有个报务员看了以后，禁不住握紧拳头直敲自己脑袋，说：

"怎么回事！他当夜班，我值白班，用的是同一架机器，可抄出来的报文，一个天上，一个地下，简直没法比！"他哪里知道，夜班报务员怀里有件法宝，是跟着他一起上下班的。

试验二重记报机获得成功，爱迪生又集中精力，开始着手研究二重发报机，打算实现他一条线上同时拍发两个电报的愿望。不料就在这时候，偏偏节外生枝，又发生了变故。

这天夜里，天气特别冷。即使坐在屋里烤着火，手指头还是不大肯听使唤，有点僵硬。电线上的电流，也像耐不住这种严寒，拼命伸胳臂抬腿，展开了急剧的活动。收报机忙碌不停，大批新闻电稿以最高的速度倾发过来。爱迪生和那个同事把全身的本领都用上了还是应接不暇，对付不过来。当对方发完"晚安"两字宣告终结时，他们这边才只抄收了一半的电报，在时间上几乎慢了两个小时。

新闻电稿是报纸的重要资料来源，你这儿一慢，那边报馆里的编辑人员也跟着发起慌来。第二天的报纸在等着新闻电稿发排哪！于是，从报馆通往联邦西部电报公司的路上，派来催促电稿的人，像走马灯儿，一个跟一个，接连不断。开头还只是催促一下，后来话音里含着埋怨，到最后，口气越来越难听，竟然竖眉瞪眼，扯开嗓子骂起街来了。

这样一来就惊动了公司经理。查问下来，根由出在夜班报务员身上，经理一生气，来到了报务室，爱迪生恰好抄完电稿，正想动手把那个小设备往下拆。

经理喊了声"慢着！"，大踏步赶上去，虎着脸，拧着眉，朝那个小设备瞪了一眼：

"这是什么？"

那个同事见经理亲自出马追问，晓得事情严重，生怕野火烧到自己身上，便说是爱迪生搞的二重记报机。

经理不容分说，当即武断地作出结论，对爱迪生说："我知道你是一个优秀的报务员，可是你私自拆毁公司设备，造成严重事故，损害了公司信誉。公司不能再继续雇用你了，你可以走了。"

爱迪生默默地回到宿舍里，把东西收拾了一下离开了这个地方。他像一片在水面上到处漂游的浮萍，不声不响漂到这里，停了停，又不声不响漂往别处去了。而在这段短暂的停留时间里，也还是不声不响地埋头钻研，只不过在停留过的水面上，微微引起一丝涟漪。在联邦西部电报公司印第安纳波利斯分公司职员名册上，留下了这么几行简单的记载：

托马斯·阿尔瓦·爱迪生，二级报务员。1864年12月到职，1865年1月离职。月薪75元。

爱迪生离开了联邦西部电报公司，城市里，到处都很热闹，人们如穿梭般来来往往。可他心里却冷清清的，好比一叶孤舟漂行在茫茫大海上，望不见陆地，辨不清方向。

母亲南希住在休伦港，靠着塞缪尔做点生意生活，孩子们不时会寄回些钱来，因此生活得倒也还算充裕，日子过得相当美满。她看见大闺女大儿子，出嫁的出嫁了，成家的成家了，心想一辈子担惊受怕不容易，现在总算熬出了头，不必再为他们操心了。

只是小儿子爱迪生还没有成年，却又走南闯北，游荡不定，南希现在最担心的也就是他。如果隔了一段时间接不到爱迪生的信，她就坐立不安，连觉也会睡得不舒服。直到爱迪生寄信回来，说自己身体很健康，诸事平安，南希的心才像绷紧了的弹簧一样松弛下来。

每当这个时候，塞缪尔总是在屋里抽着烟，看着妻子走出走进，他知道她是在担心爱迪生的情况，而他自己又何尝不是呢。因为事情很明白，孩子这么长时间不往家写信，十之八九不是好兆头。而这些塞缪尔自己也是经历过的，饱经风霜，倍感辛苦，走过弯弯曲曲的

路,知道这个世界就是这个样子,人生总是伴随着很多的无奈。

但是转念一想,这也没什么。年轻人总是要多受一点挫折,多经历一些风浪的,也能借此磨炼磨炼,长长见识,学点本事。再说,这些年来,察言观行,他总觉得爱迪生这个小儿子有与众不同的地方,因为爱迪生从小就不看重那些虚无奢华的东西,踏实深沉,想做的事情一定要干成。

因此虽然爱迪生经常出门在外,南希和塞缪尔对他还是很放心的。所以,等到爱迪生再一次寄信回来时,塞缪尔总会很满足似的望着南希,好像是在说:"怎么样,我想的不错吧?爱迪生根本用不着我们为他担心。你看,这一切不是都挺好吗!"

寒来暑往,日子过得很快。到了1867年秋天,南希想想爱迪生又好久没有来信了,心里不禁又涌上了一丝忧愁。她想:这次可是跟以前不一样了,爱迪生出了远门,想要到南美洲去,可是不知道现在还有没有去。如果还没有去成,应该是会写信回来的。要是去成了,那真叫千里迢迢,关山重重,眼睛看的是异国风光,耳朵听的是外邦口音,生活习惯截然不同。万一有个什么事,有谁能来照应呢?没有找到工作,现在又在靠什么生活呢?此时她又想起了当时爱迪生突然回家的情景:那年春天,爱迪生还在孟菲斯工作的时候,因为试验二重发报法,跟经理的一个亲戚发生了冲突。原来那家伙也在想一根线上能够同时拍发两个电报的方法。他看见爱迪生比他高明,研究工作明显已经走在了他的前面,便心生忌妒,怂恿经理借故把对手开除了。但是爱迪生紧接着又在路易斯维尔找到了工作。并且还来信说:眼下除了研究二重发报法的同时,还在拼命地学习西班牙文,希望不久的将来,在读写方面能够跟西班牙人媲美。

接到这封信,南希和塞缪尔看了一遍又一遍,都为孩子的孜孜上进感到难以形容的欣慰。

可是没过多长时间，爱迪生突然出人意料地回来了。

上一次爱迪生回家还是3年前的事情，看到站在眼前的爱迪生，南希和塞缪尔真的是有点喜出望外了。

面包和牛奶在桌上冒起腾腾热气，满屋都是诱人的香味儿。

爱迪生回家来，南希特别备置了美味的饭食：煎制牛排，红烧土豆搭配鸡块，油煎荷包蛋撒上火腿丝。又端来一大盆鲜美可口的浓汤，说："这些都是你最爱吃的，今天我可要看着你把它吃完了！"说完，坐在对面笑眯眯地看着爱迪生吃。

爱迪生回来了，长成了一个强壮的小伙子，不光是南希高兴，塞缪尔也是很高兴的。他跟在南希后面忙了一阵子，直到动定思静，才猛然想起：

"阿尔瓦出外3年了，从没提过回家的话，而这次怎么都没提前打个招呼就回来了？会不会是有什么要紧的事情发生了。"

他正想要问一下的时候，爱迪生似乎猜到了他的心思。一边吃，一边笑着问南希："妈妈，你知道我这次回来是干什么的吗？"

南希把菜盘往孩子面前推了推，说：

"我正要问你呢，你怎么没提前打声招呼就回来了？"

爱迪生瞪起大眼睛，望着南希和塞缪尔说：

"我回来是想跟你们说，我想到南美洲去。"

"上哪儿去？"

南希和爱迪生面对面坐着，明明听得十分清楚，可还是不敢相信，侧起耳朵再问一句。

"我想到南美洲去。"

爱迪生重复着说，语气非常坚决。

"我知道那里的物产很丰富，市面繁荣，情形很好。我已经跟两个朋友约定，明天回路易斯维尔集合，马上就动身。这次是特地抽空回家来跟你们说一声的。"

南希一听，像椅子上一下子长满了刺，一下子跳了起来。连声说：

"不行，不行！你不能去，说什么也不能去！"

爱迪生笑了笑，安慰南希道：

"妈妈，我都已经出去逛了3年了，现在不是也好好地回来了吗？南美那边的情况比这里要好一些，如果去那边发展我一定会发展得顺利一些。"

可是南希觉得南美洲太远了，于是一个说不行，一个说挺好，各有各的道理。塞缪尔听他们一来一回地说着，心里也犯了思量。他想：怪不得上次来信说，他在拼命学西班牙文，还要跟西班牙人媲美，原来是早就准备要到正好说西班牙语的南美洲去了。

现在看这副架势，应该是已经下定了决心要去，再想叫他打消这个念头，就算磨破嘴皮子估计也是没用了。

既然这样，已经没有阻拦他到那里去的必要了，但是要提醒他：人言不可尽信，一路上最好多多留意，再打听打听。如果南美洲真的有那么好，就去；要是并没有那么理想，再回来也不迟。

拿定主意后，塞缪尔就把自己的想法和爱迪生说了。爱迪生当然满口应承，南希起初还是不同意，后来架不住孩子苦苦央求，丈夫又从旁帮腔呼应，只好勉强点头同意了。

第二天，爱迪生就动身走了，一走就是几个月，直到现在也没个音信。是到了南美洲，还是没到南美洲，是吉还是凶，全不知道。就在他们还时刻在为爱迪生的情况担忧的时候，原本一点音信也没有的爱迪生，又跟上次一样突然回来了。

原来，爱迪生和两个朋友一起，从路易斯维尔出发，赶到新奥尔良，准备在那里搭船去巴西。不料一到新奥尔良正碰上出了事儿，当地政府颁布戒严令，轮船火车一概不准开动。没办法，3个人只好暂时住下来等着。后来两个朋友按原计划搭船去巴西，爱迪生则循原路回到了路易斯维尔。

他在路易斯维尔住了一段时间，然后又到辛辛那提作了短期的逗留。这时他才听说，那两个固执的朋友，好不容易到了墨西哥，却染上了流行性黄热病，就这样永远留在那里了。惋惜之余，他又想起了家，想起了亲爱的妈妈，于是又回到了休伦港的家中。

可是，他这次回来，日子也并不好过。因为虽然南北战争结束了，可还是乱得厉害。爱迪生回家还没几天，地方当局就借口军用征地，强迫爱迪生一家搬走。事出突然，现在可到哪里去找合适的房子？一家人只好在一个朋友那儿暂时挤一挤。

在异乡客地东奔西走，漂流了3年多，回到家还是没有一个安稳的落脚处。眼看两位老人日夜焦虑，一天天瘦下来，爱迪生感觉很不是滋味。

他写信给在波士顿的米尔顿·亚当斯，托他代谋一个职业。亚当斯便把他的信交给了西方联合电报公司的监察米利肯。

米利肯见了这印刷体般的书法，赞赏地说："他抄电报时也能写得这样整齐吗？如果他能的话，那么叫他来，我马上雇用他！"

爱迪生接到亚当斯的信，决定去波士顿。

创新发明

如果你希望成功,当以恒心为良友,以经验为参谋,以小心为兄弟,以希望为哨兵。

——爱迪生

工作效率让人震惊

一星期之后，爱迪生站在亚当斯的面前了。他们一起来到西部联合电报公司。

米利肯经理和爱迪生见面还不到5分钟，这位以电信专家而闻名的经理，就一眼看中了爱迪生。

"你准备几时上班？"

"马上就可以。"

"那么，请你下午5点30分上班吧！"

在当天的17时30分，一分都不差，爱迪生就出现在中央电信局了。

那天晚上，天气阴沉而寒冷。新来的爱迪生旁若无人地走了进来，屋里的其他报务员都觉得他很不顺眼。

"这个怪人，一定是从西部来的，非给他点颜色看看不可。"一番交头接耳后，大家都一致决定要整他，但爱迪生一点也不晓得。

"你负责这里。"他一看被指的地方，写着"纽约第一号"。爱迪生毫不犹豫，手里拿着铅笔就坐了下来。因为纽约那边有一个很能干的电信人员，正使波士顿这批人感到招架不住。

过了约有1个钟头，从纽约发来了缓慢的电讯。"嘟，嘟，嘟。"爱迪生把一条腿放在椅背上，很悠闲地从口袋里拿出口香糖塞进嘴里，再提起铅笔检视一番，大约发了50个字，他才开始工作。

这时，从纽约发来的电讯，速度快起来，爱迪生桌子上的收报机，不断地急促响着。爱迪生抬头一看，同事们都停止了工作注视着他，想看新来的这个小子，是怎样应付那些高速的电讯的。这样一来，天生不肯认输的精神，激起了爱迪生的斗志。他马上集中注意

力，收听电报机上的声音，他手的动作比机器还快。

看来像是纽约的发报人感到焦急了，故意把字发得不清楚，或乱加符号。但在西部那种不太完善的电信设备下磨炼出来的爱迪生，却毫不在乎这个情况。他仍用端正的字体写下来，标点符号也记得很清楚，就是再无能的印刷工人也不至于认错。

最后，纽约的电信人员大概是累了，速度渐渐减慢了。爱迪生便向对方发报，内容是：

"喂，老兄，你怎么这样不灵活呢。你大概累了，可以用另一条腿发报呀！"

他是想讥讽对方的发报技术不行，说他大概是不用手而用腿发报的。

自此以后，波士顿的同事们，再也不敢小看爱迪生了。

经过这次"考试"，米利肯对爱迪生特别注意起来。他发现爱迪生平时少言寡语，踏踏实实的，喜欢埋头闷干，一个人在那里悄悄地研究二重发报法，更觉得他是报务员里的佼佼者。有一天他把爱迪生叫过来问道："听说，你最近在搞什么新发明是不是？"

"新发明？"爱迪生心想经理怎么会知道，看样子这个地方又要待不下去了！先前在印第安纳波利斯搞二重记报机，经理一发现就毫无道理地把自己给撵了出来。后来在孟菲斯搞二重发报法，上司知道后，鼻子里喷出一股冷气，说：

"不管哪个笨蛋都应该知道，一条线上是没有办法同时拍发两个电报的！"

认为这是"异想天开"，是"存心捣乱"，就这样也把自己给赶出来了。现在，新发明3个字听起来似乎挺体面，但闹不好又是个不大不小的"罪名"，又要卷铺盖滚蛋了。

米利肯见他说了半句，就瞪着眼睛只顾寻思，开始不免有点奇怪，想起亚当斯曾经谈过他的往事，对爱迪生的心情也有所理解了。

他便对爱迪生说:"你放心,我这个人虽老,可是不顽固,对于新鲜事物还是很有兴趣的。你这个新发明很重要,如果能成功的话,等于铁路铺上双轨,无形之中,一条线变成了两条线。"

爱迪生见米利肯态度很诚恳,于是便把他研究二重发报机的情况跟米利肯说清楚了。米利肯听后凝神思索了一会,说:"很好,主要的关键问题已经解决了,眼下这几个问题只要再加把劲,我看不会有大的困难。"

爱迪生说:"我也是这么想,过些时候我打算正式试试看。"

从这天开始,爱迪生的科研工作越发起劲了,只要一有时间就着手二重发报机的试验。他没早没晚、整日整夜地工作着,根本没有一定的吃饭睡觉时间。实在是饿了,就胡乱吃上一点;眼皮实在重得抬不起来了,就迷迷糊糊趴在桌上打个盹儿,总共加起来,一天还睡不到 4 个小时的时间。

终于在这年年初,当波士顿的春雪还未完全融掉的时候,他制成了一架崭新的二重发报机,结果证明先前付出的所有努力都是值得的。当地的报纸立即在显著的位置,刊登了这条消息,专业性的《电报杂志》,也以《爱迪生与二重发报法的发明》为题,发表了评论。大家一致认为,这项发明非常重要,是电报发展史上一件极有意义的大事。

在波士顿,爱迪生和亚当斯住在一起,生活过得很愉快。一个是勤勉用功,一个是悠然自得,所以他们俩共同生活的日子里,常会有滑稽的事情发生。

一天,爱迪生对亚当斯说:"亚当斯,我需要做的事情太多了,而人生却这么短促。所以,我非跑步不可。"

话一说完,他便在早晨的街上,拼命向距离有 1 公里的饭店跑去。

"真是一个怪人。"亚当斯打了一个哈欠,目送着这位朋友的

背影。

有一天早晨,爱迪生和亚当斯正想去吃早饭,走到托列蒙特街,看到两家百货店门前围着很多人。

一家商店的玻璃橱窗上贴着一张纸条,上面写着:"本日新到袜子,每双仅售价5分钱,与邻店无关。"

隔壁的一家也贴出一张纸条,上面写着:"袜子现在到货很多,每双售3分钱,与邻店无关。"

原来是这近邻的两家百货店,正在互相竞争生意。

"喂,这倒有趣,看一下吧。"悠闲自得的亚当斯说。

爱迪生原是最喜欢看这种事的,俩人便停下来看热闹。

最后,价钱降低到3双卖1分钱,这时亚当斯便说:"我再也忍不住了,给我1分钱吧!"

他向爱迪生要了一个硬币,便推开人群,走进店里去。

"给我3双袜子。"

群众都屏气凝神地旁观着。

商店里有好多女店员,其中一个店员就从橱柜上拿下了一个盒子递给他。他打开盒子一看,是婴儿穿的袜子。

"喂,我要大人穿的呀!"亚当斯很困惑地说。

"您只付1分钱还要讲究尺寸,那样我们更吃不消了。"

围观者都哄然大笑,竞卖也就此结束了。

第一次获得发明专利

波士顿与爱迪生曾经工作过的中西部地区大不相同。比较而言，这里的生活环境非常好，学术气氛也很浓郁。在波士顿公共图书馆轻易就可以读到从前在中西部找不到的书。

爱迪生买来了一本《法拉第电学研究》。通读过这本书之后，他发现，这本书上有关电的知识比他读过的所有书籍都详细。

这本书中所阐述的电报业发展的理论基础，使他受到很大的启发。对爱迪生来说，法拉第是世界上伟大的人物之一。

爱迪生的脑子里又在憧憬着一个新的理想。他打算辞去报务员的工作，专门从事科学发明。

1868年10月，爱迪生和他的助手经过不断地钻研、试验，终于制造出了投票记录机的原始模型。

其实，爱迪生发明这种机器实属偶然，他是在利用新闻电报专线报道国会表决情况时萌发这个念头的。因为他做报务员时就已经注意到，登记议员们的口头喊票简直是在浪费时间。

投票记录机的发明简化了原来登记记录的烦琐程序。在进行表决时，每位议员只需按一下座位上的电钮，他的表决便立即在议长的办公桌上记录下来。投票记录机还可以自动完成表决计数。

在当时，交易所向股票经纪人通报股票行情时，采用的都是一种电信机。

颇有头脑的爱迪生认为此事大有文章可做，于是他便想方设法，加以改进。他设想接收机另一端的守候人是不必要的，而且接线也可以大为减少。

经过爱迪生的潜心研究,这两项技术革新再一次成功了。

随后,爱迪生又发明了"极化继电器"。极化继电器的发明有力地推动了电报行业的快速发展。

爱迪生在电报学领域工作的时间,正是19世纪的后半世纪。这半个世纪的时间里,也正是国际间电报线路迅猛发展的时期。欧洲各国和北美都建立起有许多支线的电报通信网。

其他各国也都在架设越来越多的电报线路,水底电报电缆正在把各州连接起来。电报行业很快形成一个独立的技术部门。

为了适应这一技术部门的发展,各国都需要建立生产电报设备的企业并大量培养专业领域的技术人员。

同时,关于对电源和电线等性质的研究工作也开始进行,这就迫切需要制定出测电的方法,创造出电量、电单位和电标准等的体制。

正是在19世纪50年代末和60年代中期,电报技术有了明显的发展,并极大地影响了当时正在萌芽状态的电工技术。

1868年10月11日,爱迪生向有关部门递交了第一份"投票记录机"专利申请书,而专利特许证是在1869年6月1日发给他的,证号是90646号。

这种装置是二重内闭塞计数机。扭动其中一个机柄就出现赞成,扭动另一个机柄就出现反对。闭塞装置是为使进入投票室的选民只能投赞成票或投反对票而制造的。

当另一个进来的选民扭转其中一个机柄,闭塞装置的作用就又恢复了。

这种机器分为两部分,其中每一部分都有计算机件:一个标志赞成的票数,另一个标志反对的票数。

记数机是由电磁继电器和齿轮系统构成的。其中每一个机柄的转动都能把脉冲发送到电磁铁线圈里。于是相应部分的记数机就转动一度。

为了验证这部机器的效果，爱迪生曾去过首都华盛顿。他在国会的试验，成绩确实很优异。

"真了不起。"

议员们都很佩服，爱迪生也感到很得意。但到最后议长开口了：

"爱迪生先生，你这个装置，就机器本身而言是很好。不过若论发明，再没有比这个更不受欢迎的了。"

这下爱迪生有点吃惊了。

"为什么呢？"

"你是技术家，所以也许不太明白我这话的意思。议会政治这种制度，很容易沦为多数党专制。少数党如果要阻止一项议案的通过，只有运用某些手法，来延缓表决，这个策略就非靠着走动不可。但是，你却想连少数党这个最后的武器也想剥夺掉，那怎么可以？"

经过这番说明，爱迪生最终无话可答了。在回来的路上，爱迪生陷入深深的思索中：

"的确是这样。发明家脑子里想出来的发明，多半是不实用的，只有从社会需要角度考虑，产生出来的发明才有意义。"

此后另一个机器交易所行情的自动记录机，以"万能印刷机"的名称取得了专利权。申请书是1869年递交的，专利特许证是第123005号。

爱迪生研究行情自动记录机，是在他协同弗兰克利翁·列奥纳尔德·波普建立一个以进行电报方面的发明和咨询工作为目的的电报局时进行的。

交易所行情自动记录机，是一种能自动记录的电报机件，它能自动地把通过电报拍来的行情打印到纸带上，然后立即把从交易所的行情转告从事交易的投资者和各银行。

爱迪生的交易所行情自动记录机,要比在此之前就有的装置更为完善。爱迪生把这一发明以4万美元的价格,卖给了西方联合公司。

这一机器在美国交易所里被长期使用。

爱迪生在随后的一些年里,又继续改进这一机器,例如,他在1872年至1873年间,就获得了与这一机器有关的63份专利特许证。虽然其中某些专利只是对机器个别零件做了改进,但都是有助于进一步扩大机器的实际用途。

出卖这一发明所得的款项,使爱迪生第一次有可能就他自己感兴趣的某些问题进行实验。

事业与爱情双丰收

爱迪生离开了波士顿，想到纽约去发展。

南北战争之后，国家财政上出现极大的困难。由于政府滥发纸币，因此，黄金与纸币的价格相差很大，黄金便成为华尔街投机的热点。交易所的董事长罗斯博士，便发明了一种"金价标识器"，把装在公司的标识器总机和装在各经纪行的标识器分机，以电线相连接，以便能迅速获知黄金价格的变动。爱迪生住的地方，就是这家公司的电池室。

爱迪生对机器不断地东摸西摸，看了又看，等他弄清楚这种机器的装配和操作方法后，就躺下去睡大觉了。

第三天，"砰"的一声大响，标识器的总机突然不动了。不到两分钟，每家经纪行都派了一个工友来查询，长长的走廊挤满了几百人。人多嘴杂，吵得像发疯似的。管理机器的人，也慌乱得手足失措。

爱迪生走近标识器，很快地就看出是因为一个弹簧坏了，掉在两个齿轮中间，机器才停止的。他正想告诉管理员，只见董事长罗斯博士匆匆忙忙地跑进来了。

"怎么搞的？哪里发生故障了？"董事长气急败坏地大叫着。

爱迪生便走近他，说道："我知道故障的部位。"

"那么，请你快帮我修理一下吧！"

两小时以后，一切就又恢复了正常。

从此，爱迪生很受罗斯博士赏识。事故的第二天，他就被召见到二楼的董事长办公室，罗斯博士很认真地问："你看这部机器怎么样？"

"我看它好是好……"

"那么，你是说，它还有应改进的地方？"

"我还没有考虑到这一点。不过，不管什么机器，总有改进的方法。"接着他又谈到，怎样才能减少机器的故障，以及如何才能使装置更为简单。

"你是什么时候研究这部机器的？"

"我哪有机会研究，只不过是管理员在检查的时候，我站在旁边参观罢了。"

罗斯博士思索了一会又说："我正要找人来管理这部机器。怎么样，你愿意不愿意干？不过，月薪只有300元。"

爱迪生听后吓了一跳，呆呆地看着罗斯博士的脸。他从来就没有拿过这么多的薪水，当时惊得他目瞪口呆。

爱迪生的命运发生了戏剧性的变化。他是两手空空来到纽约的，现在他已当上了金价指示公司的总工程师。

第二年，爱迪生申请了一项专利，即在波士顿发明的纸带股票行情接收机基础上的改进设计，使它可以与罗斯公司的对手黄金股票电报公司的设备相媲美。改进的设备给西方联合公司带来了意想不到的竞争威胁，于是西方联合公司买下了这家公司，爱迪生成为西方联合公司的雇员。

1869年10月1日，爱迪生与他的好朋友波普共同开办了自己的公司，取名为电器工程师波普—爱迪生公司，地点在百老汇78号的股票交易大楼。它是美国的第一家电器公司，主要承办私人建设电信工程。

由于爱迪生的努力，这时新公司已经有两项发明获得了专利，一项是金价印刷机，另一项是普用印刷机。波普和爱迪生又在纽约设立了一所私人电报局，专门为商家提供私人通信服务。后来又设立第二所私人电报局，专向购买者和证券经纪人报告平盘金价。

西方联合公司的利弗茨决定抵御这种威胁。经过6个月的努力，他和波普—爱迪生公司协定，以1.5万美元的价格收购该公司的这项发明。出卖专利使爱迪生挣到了5000美元。

利弗茨想牢牢地控制住爱迪生，怂恿爱迪生在纽瓦克的一家工厂里研究改进金价指示器。爱迪生也开始认识到他的发明对西方联合公司是多么的重要，同时，他还认识到他的发明对凡称为黄金和股票电报公司的其他公司也同样重要。他最后研制成了一架所谓"爱迪生普用印刷机"。

1870年的一天，爱迪生为西方联合公司的一些工程师展示了他的新发明。这次展示会是在利弗茨的办公室举办的，可见利弗茨对这项发明的重视程度。利弗茨说："爱迪生，请你把这项发明卖给我，我付给你发明的权利金，一定会让你满意。"利弗茨问爱迪生，这项新发明值多少钱。

爱迪生心想5000美元足矣，即使是3000美元也可以，但他不敢开价，便谨慎地说："请经理先生说个价钱吧！"

"4万美元怎么样？"利弗茨试探着问。

"听到这个数目，我几乎要昏厥过去。"爱迪生回忆说，"我担心他会听见我的心跳。我尽量抑制着自己的感情，表示这个价钱是公平的。"

两天以后，爱迪生与利弗茨签订了转让专利的合同，并领取了4万美元的支票。

爱迪生得到了这笔巨款的同时，也成为受西方联合公司控制的一个发明家，因为，在公司对于他的贡献付给丰厚的酬金时，公司就占有了他的发明的所有权。

在爱迪生漫长的一生中，他曾反复强调，自己赚钱的主要目的，就在于筹措资金进行深入的试验，使自己的发明成果得以在市场上销售。

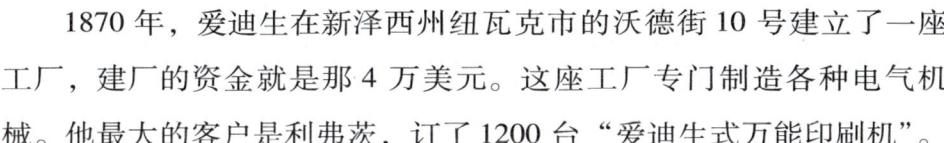

1870年，爱迪生在新泽西州纽瓦克市的沃德街10号建立了一座工厂，建厂的资金就是那4万美元。这座工厂专门制造各种电气机械。他最大的客户是利弗茨，订了1200台"爱迪生式万能印刷机"。

纽瓦克工厂的建立，使爱迪生在东海岸迅速发展、疯狂竞争、不择手段攫取暴利的工商界中占有了一席之地。

正像他在给父母的信中所说，这时，他已被人们称为"大腹便便的东部制造商"。

事实上，他与这类人是迥然不同的。当然，我们不否认他很快就熟谙了银行业务，得益于有利可图的买卖，他的目光之敏锐不亚于任何人；而且在多年的报务员生涯的磨炼中，他不仅变得足智多谋，同时也在判断人方面颇具心计。

但是，与那些暴发的同时代人相比，他表现出一种突出的个性：对于公司的会计工作傲岸、不屑一顾的漠然态度。

他曾经讲："我只管管工资账，浏览一下报表，一般是签字照付。第一次报来的账单，是一份抗议，我得迅速处理，提高了工资。"

随着经营范围的扩展，他成了巨大工业的组织者，于是这项工作就迫不得已地交给了一位把他的事业管理得井井有条的商业经理。

纽瓦克是个很难待的地方，这儿的人都必须屈从于爱迪生的武断态度。其中有些人跟了他很多年，都了解他的性格，他也需要这些人的才干。

爱迪生的话工人们向来确信不疑。他们相信爱迪生已达到了这样一种地步：只要大家预见到将会发生什么问题，爱迪生总能及时加以排除。

但是，爱迪生早年取得的非凡成就，常常像惊险小说一样，只是在最后时刻才为人们解除所有疑团。

在爱迪生的一生中，所遇到的最大不幸，来自他的母亲南希的逝世。

"母病危。"

当他接到这封电报时，惊慌得不知所措，立即兼程赶回故乡。

母亲年纪已经过了60岁高龄，头发已经斑白。当他赶回家里一看，她的精神依然很好。

"妈妈，我回来了。"

爱迪生握着母亲瘦弱的手喊道。

夜已深，除煤油灯发出"唧、唧"的声音外，只听到秋虫的鸣声。

"妈，你还记得吗？"

"什么事？"

"在我小的时候，我发誓要成为世界第一流伟人的话啊。"

"我牢记着呢。"

"不过，我还没成为世界第一。妈，你一定要等我成为世界第一。"

"世界第一也好，第二也好，妈已经不在乎了。我想你一定会做些对世界、对人类有益的事。"

"这点，请您大可放心，我是经得起命运考验的。"

"阿尔瓦，这就是给妈妈最好的安慰了。"

不久，她母亲就在宁静中结束了她的生命，爱迪生将母亲埋葬在休伦湖畔的山坡上。爱迪生沉浸在母亲去世带来的悲痛中。失去了母亲之后，在他的人生里，好像缺少了什么似的，总觉得很空虚。

一天，他从研究室出来，突然下起了暴雨，爱迪生拿着雨伞下楼，看见门口有两个年轻姑娘在避雨。

"伞借给你们用吧？"爱迪生问。

这两位小姐有点害羞，最后终于说："那么，谢谢了。"她们是两姐妹，姐姐叫玛丽·斯蒂尔韦尔，16岁，妹妹叫爱丽丝。

玛丽·斯蒂尔韦尔曾于1871年夏天在纽瓦克工厂工作过。

玛丽十分佩服爱迪生的刻苦精神，她听说他查找资料时往往就在书房吃饭，晚上睡在椅子上，醒来后继续查找。做起实验来，从不害怕失败。

爱迪生也喜欢这个勤快的姑娘。由于他们两个人对工作、家庭和思想上都有共同的见解，很自然地相爱了。

但他们俩谈情说爱时，有很多不方便。因为爱迪生整天忙着发明，没有时间到外面去玩，偶尔一起吃饭，耳朵有毛病的爱迪生，也听不清楚喃喃的细语。

于是，爱迪生想出了一个办法。他从口袋里拿出一个银币，在桌子的一端"喀、喀、喀"地敲，拍发莫尔斯信号。玛丽也同样做，用银币敲着桌子给他回信。

关于爱迪生的结婚，还有许多传说的故事。据说有一天，一个朋友去拜访他，看到他的样子异乎寻常，头发理得整整齐齐，皮鞋也擦得很光亮，在屋里踱来踱去，口里喃喃地念叨着："想不起到底是什么事，我记得是一件很要紧的事情……"

过了一会，爱迪生又忽然大声高叫："啊，对了！今天是我结婚的日子，所以，打扮得这么漂亮呀！"

结婚仪式一结束，爱迪生把脸贴近新娘，悄悄地说："亲爱的，我有点急事到工厂里去一趟，一会回来陪你吃晚饭，好吗？"

玛丽答应了，因为她知道没法阻止爱迪生。可爱迪生一去就不见了踪影。

原来，爱迪生在婚礼上，脑海里突然浮现出一个改良自动电报机的设想，这是他近来冥思苦想而一直未能解决的问题。突然有了灵感，他急于去做实验。

爱迪生一进实验室，全神贯注地投入了工作。夜幕降临，他意识到黑暗，却没意识到与新婚妻子约定的时间。

建立美国首家研究所

在纽瓦克,爱迪生最先着手的项目之一就是自动发报机。这种能自动拍出信号,速度超过手工操作的第一台机器,是在二十几年前由亚历山大·贝恩设计制造的。爱迪生在这一领域里的实践乃是根据某种原理对这种机器进行技术改造以去除某些障碍。

在贝恩之前,最快的发报速度只达每分钟 50 个单词。贝恩的发明是用手工穿孔的方法,在纸带上打出相当于莫尔斯电码点线的长孔和短孔。然后把这条纸带送进一只金属滚筒和铁笔之间,每当铁笔穿过纸孔与滚筒相触,电路就立刻接通,长孔可使通电时间稍长,短孔使通电时间稍短。用这种装置,可以从容不迫地以每分钟 400 个单词的速度发报。

1850 年至 1870 年间,人们对贝恩系统做过多次的改造。19 世纪 70 年代初,第一台最成功的改进型机器传到了美国。但是,这种自动发报机仍存在一种致命的缺点。在长线路里,线路的长度与日俱增,人们发现不同的信号经常混在一起。

爱迪生初次遇到的是当时的最佳设计乔治·D. 利特尔的改进型机器。这台机器被一些商人用来创办了自动电报公司。利特尔的装置能够运转,但效果极差。1871 年初春,爱德华特·H. 约翰逊带来的就是这种机器。他代表该公司求教于华尔街的爱迪生,问他是否能想个办法,修复他们买亏了的这台机器。急于摆弄自动电报机,几乎没有考虑到现有条件的爱迪生一口应承下来,答应收款 4 万美元,就可以为该公司提供他所能做出的一切改进。

事情谈妥以后,他开始了细致入微的工作。这也是他工作的特点。有意思的是，他不是一下子就解决了利特尔型机的问题，而是经过逐步的观察、分析以后，才改进了机器的整个系统。在研究这一系统的两年时间内，他申请了许许多多的技术专利。

第一个大问题，就是制作一种用化学试剂浸过的纸带，使它能够高速记录文字。他在研究这一课题时，表现出了自己的典型作风。约翰逊曾对此有所描述：

一天晚上，我走进房间，发现爱迪生坐在那里，脚边一本接一本地放着化学及化工书籍，那是他从纽约、伦敦和巴黎搜购来的。他夜以继日地研究这些材料，吃饭也不离工作台，睡觉只是在椅子上靠一靠。仅用了6个星期的时间，他就读完了这些书，并写下了厚厚的一本提要，还按照方程式做了2000次试验，最后终于得出了结果——一个适合于他的要求的发现。依这种方法，可以在400公里长的线路，以每分钟200个单词的速度发报。

他在改进这台机器时的主要困难是处理信号末尾的失真问题。就是说每一信号的收尾都有电流的缓慢拖长，与下一个信号连在一起。为了解决这个问题，他在接收机里装了一个分电路，当前一个信号结束，电流中断之际，这个分路就产生送电极的逆电流。这种逆电流便可以使每一信号的收尾都变得干净利落。此外，发送带本身也需要改进。爱迪生放弃了原先利用在纸带上穿出的长短孔来激发莫尔斯点线信号的方式。他的设计是，在纸带上穿出圆形单孔代表点，线则用3个孔表示，其中两个在下，一个在上，呈三角形排列。纸带在发送设备中通过一只转鼓和两个平行的轮。其中一个轮用来发点，只要圆孔从它下面通过，电流就立即接通。当代表线的3个孔出现时，第一个轮先与纸带接触，第二个轮在上孔经过时继续第一个轮的接触，然后第一个轮又与下面两孔接通，这样就形成了一条线。这一来，点是点，线是线，长短分明，一清二楚。试验的结果表明：一条有1.2万个单词的穿好孔的纸带，送入自动发报机，从华盛顿发到纽约，只用了22分半钟，平均每分钟可发500多个单词。

1873年春，自动电报公司可望将此系统出售给英国邮电部——显然，主意是爱迪生出的。于是爱迪生同一名副手带了一袋衣服和三大箱设备乘船到了英国。但是这次访问却给他留下了不快的记忆。

英国邮电部对试验的要求是以每分钟500字的速度由利物浦向伦敦发报，每隔半小时发一次，要持续6个小时。爱迪生把助手派到利物浦，自己在伦敦负责接收。他立刻发现，将要使用的设备非常糟糕，于是买了一种价值100个金几尼的电池组弥补这一缺陷。电池组及时地送到了利物浦，这次试验才较为成功。爱迪生讲，试验后报告的"损失时间"一栏是空白。

人们建议他把这一系统运用到海底电缆的通信中去，说那样还可以提高发送速度。希望向任何难题挑战的爱迪生听后迫不及待地进行了试验。他提出要在存储于格林威治的水池中的3500公里长的电缆上进行试验。后来他被允许只能在晚上使用这条电缆，当然对于他这个工作起来从不分白天黑夜的人来说，这是不成问题的。

爱迪生在描述这次试验时说：

> 我打开仪器箱，将设备安装起来，试图初步找出信号失真的程度，然后发出一个点，可望用30秒的时间在我的自动录制带上印出一英寸长的点连续。可是，结果表明它的长度竟达27英尺！如果说开始时我还有过几分自鸣得意的话，这时也彻底消失了。

爱迪生整整花了两个星期的时间试图改善发送效果，但收获甚微。这正是他匮乏理论知识的缘故。电缆盘成了上百圈，置于水中，形成了线圈感应，这样势必造成失真。爱迪生丝毫没有意识到这一点，也一点不知道他的系统在盘成线圈的电缆内发挥了和现存系统中相同的良好效果。

爱迪生失望地甚至是沮丧地回到了美国。人们问他对英国的印象如何，他略带厌恶地回答说："英国人是不善于发明的；他们不爱吃馅饼。要想发明，你的系统必须彻底打乱。最好的办法，就是吃可口的传统的美国馅饼。"

爱迪生回到纽瓦克后，重新试验他的多通路电报技术。自从他担任报务员以来，这一思想一直占据着他的大脑。在访问英国前不久，他已开始为西方联合公司研制属于该公司专利范围的多通路电报机。

在这方面，他的第一个成就是区别于双向电报机的"双通路"电报机研制成功。使用双向机，可以从电线的两端同时发报，使用双通路机，则能从一端同时发送两份电文。达到这一要求，不仅要改换电流的强度，而且还要掉换电极，并在收端使用两台接收装置。

对于爱迪生这个雄心勃勃的人来说，取得这样的成就不是结束，而是开始。他想，如果可从同一方向在同一时间通过同一根导线发射两份电文，那么从另一端再同时用这根导线，向反方向发送两份电文又何尝不可呢？于是爱迪生又设想出了四通路系统电报机。他说：

> 这是迄今最最复杂的难题，我竭尽全力，试图找到答案。它需要高度的思维能力，要同时在一个思维的平面上设想出8个运动的物体，而不借助任何实例演示。

他面临的实际问题之一，就是使电流保持绝对平衡，不久他就发现一般的可变电阻器不适用于他的设备。爱迪生想，既然某些半导体可在不同的压力下改变它们的电阻值，那么可不可以利用这一原理设计出新型的电阻系统呢？为了证明这一设想，他在一块钢板上装了一个用绝缘材料制作的圆筒，又在圆筒里装上50张胶料浸过的绸片，再用极细的石膏粉将圆筒填充起来。绸片上方，再装上一块金属板，然后借用螺旋装置按不同的刻度改变对金属板的压力。爱迪生把这一装置接在线路中，试验的结果表明：当压力最小时，阻抗为6000欧姆；如果用力将金属板旋至底部，阻值竟能降至400欧姆。这是一项十分成功的试验，这项试验在他以后的电话发明中起了很大的作用。

一经找到平衡电流的方法，爱迪生立刻将试验深入下去。在这一段时间里，爱迪生卷入了西方联合公司与当时试图控制美国电报与铁路业务的臭名昭著的"橡胶大王"杰伊·古尔德之间的诉讼案。爱迪生本人曾给他的传记作家哈罗描述过这段经历，但他的描述不过是假装坦率，其实是一面之词。艾尔文·F.哈罗在25年以后出版的《昔日电线与今日电波——电报、电话、无线电发展史》一书中指出："爱迪生关于大西洋—太平洋公司与西方联合公司在爱迪生四通路电报机问题上的叙述，使我们饶有兴味地看出爱迪生先生对当时有关合同义务方面的认识是轻率的。"

1873年年初，爱迪生与西方联合公司之间似乎达成了默契。爱迪生将把自己的专利出售给该公司，而该公司则根据双方认可的价格加以收购。是年的下半年，即爱迪生从英国返回后，情况就发生了一些变化。根据爱迪生本人的说法，西方联合公司对他已无吸引力；根据西方联合公司的说法，爱迪生此时已感到设备不足。两种说法都有可信之处。但一个不容否认的事实是：事情牵扯到了西方联合公司的总工程师乔治·B.普莱斯科特。依据爱迪生与普莱斯科特之间签订的协议，爱迪生将把普莱斯科特作为共同发明人，分给他一定的专利。

然而西方联合公司总裁威廉·奥顿认为，付给爱迪生急需的1万美元试验费风险太大。于是爱迪生没有资金，走投无路，便从自动电报公司搞来了这笔钱。该公司显然是按照西方联合公司最大的竞争者杰伊·古尔德的指令办的。当时爱迪生是否认识古尔德，实情迄今仍不清楚。不过，爱迪生总是尽量掩饰他与这位最厚颜无耻的人之间的联系。然而，爱迪生实验室历史研究所秘书玛丽·纳尼曾在20世纪20年代指出，爱迪生在纽瓦克租下的厂址，乃为古尔德所有。古尔德曾威胁爱迪生要对他提出诉讼，并以此向爱迪生索赔500美元。她说，这显然是古尔德"想获得他垂涎已久的爱迪生的自动电报技术专利"的行动。

暂且不论爱迪生与古尔德之间的关系。爱迪生现在已有1万美元现金，足以偿还欠下的债务，所以他继续研究四通路电报机，并于1874年深秋来到西方联合公司的电报房进行试验。线路连接的两端是纽约和阿尔伯尼。当时，天气恶劣，爱迪生意识到会出现困难。他自己也承认，在当时的情况下，应尽量避免冒险行动。

> 我在纽约选用了最出色的报务员，这些人熟悉我的设备。我对他们说：如果起了风暴，机器可能震颤，那么你们则应凭想象尽可能记录下电文。因为要发的都是过去发过的文字。

到了中午，阿尔伯尼附近的风暴影响尤甚。这时，威廉·奥顿和其他经理人员也赶来了。

尽管试验受到了风暴侵扰，但事实证明，爱迪生的四通路机性能良好。后来它被安装在连接纽约与波士顿和费城的线路上。到1874年12月底，关于四通路机的研制工作接近了尾声。西方联合公司答应付给爱迪生5000美元现金，又出价2.5万美元认购有关专利，此外，凡使用这种设备的每条线路，每年还付给他233美元酬金。

但是西方联合公司未能践约。奥顿离开纽约后，该公司的总监埃

克特将军通知爱迪生，表示西方联合公司将拒付任何款项。他说，他知道一个意欲购买这种四通路电报机的客户。原来，埃克特指的就是杰伊·古尔德。前文讲过，正是古尔德与自动电报公司的联系，才使爱迪生度过了夏天的危机。而此时埃克特本人则正与古尔德秘密商定，他将辞去西方联合公司的任职，到古尔德的大西洋—太平洋公司工作。埃克特没有向爱迪生透露这一打算，也是不足为奇的。

关于古尔德，人们说他是靠制造"恐惧和恐慌起家的"，他"在以金融欺诈和恶棍行为著称的世纪中，总是不择手段地损害自己的朋友，因而他们对他有着深仇大恨"。爱迪生对古尔德的看法十分暧昧。他曾说：

"古尔德的良心似乎枯萎了。但这也许是因为他在与那些根本就没有良心的人竞争的缘故吧。"

作为平衡，他又表示自己对古尔德毫无怨言："因为他在他的行业上是颇为能干的，只要我的试验成功，其他问题是次要的。"

12月28日，爱迪生在纽瓦克工厂给古尔德演示了他的四通路电报机的性能。1月4日，他被召去古尔德在曼哈顿区的寓所。在这里爱迪生显然是忆起了几年前与利弗茨会晤时的情景，他对古尔德表示："你出个价吧。"这次，对方的出价是3万美元。第二天去取支票时，古尔德对他说：

"你得到的正是那艘'普利茅斯之岩'号。"

这是他刚刚以3万元售出的一艘轮船。

两个星期之后，还蒙在鼓里的奥顿写信给爱迪生，表示要为那个四通路系统的交易最后拍板。又过了两个半星期，他收到了爱迪生的口信。

在信中，爱迪生表示，他当初与奥顿签约乃是一个错误，因为四通路系统的专利实属他和乔治·哈林顿两人，早

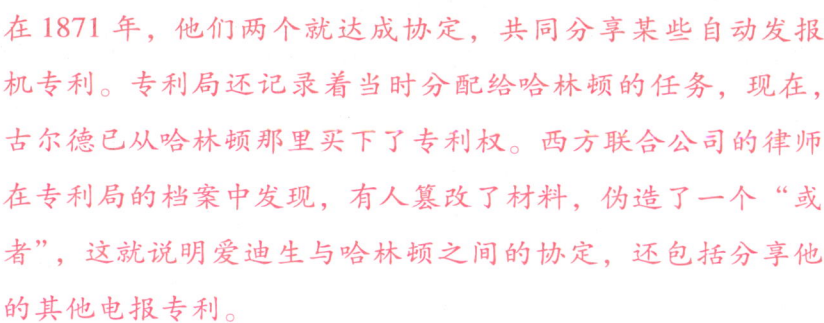

在1871年,他们两个就达成协定,共同分享某些自动发报机专利。专利局还记录着当时分配给哈林顿的任务,现在,古尔德已从哈林顿那里买下了专利权。西方联合公司的律师在专利局的档案中发现,有人篡改了材料,伪造了一个"或者",这就说明爱迪生与哈林顿之间的协定,还包括分享他的其他电报专利。

西方联合公司立刻对古尔德的大西洋—太平洋公司提出诉讼。由于古尔德的公司暂时不能使用爱迪生的四通路系统专利,所以这时就自称四通路系统是由他们自己的雇员发明的。西方联合公司认为这是对爱迪生专利的侵犯。这次诉讼延续了1年多,给爱迪生的名誉带来了相当大的损失。他曾在旁证席上受到了8天的严格盘问。于诉讼期间访美的英国邮电部工程师威廉·普利斯在自己的日记里写道:

奥顿在英国就讲起过他。奥顿说:"那个年轻人似乎没有良心。"

我们这儿称他是两面三刀教授。真有意思,我听到的一些供词,都牵扯到公司官员,而且牵扯程度之深在英国是不可想象的。就是给我5万英镑,我也不愿让自己的名字像普莱斯科特那样受到嘲弄。因为专利是以普莱斯科特和爱迪生两人的名义申请的。

但是当爱迪生被问到普莱斯科特是否参与了其中一部分的发明时,爱迪生竟答:"没有,先生。""他没有发明什么!""从没有,先生。""那么普莱斯科特与这专利又有什么联系?""如果我不把普莱斯科特作为共同发明人,我就不能进行试验,也达不到发明的目的。"诸如此类等。

当然，从法律的角度观察，爱迪生有权将自己的专利出售给任何人，即便是杰伊·古尔德也罢。同时他也认为，不受控制地向所有顾客提供他的服务。就像今天的核物理学家一样是无可非议的。他只管拿出产品，至于对方将其用于何种目的，那就是人家的事了。他还不足30岁，正周旋在一群根本不懂伦理道德的人们之中，许多问题都是难免的。

另外他或许真的认为西方联合公司无意付款。所以，哈罗用"轻率"一词描述他，似乎比用"两面三刀"更为准确些。

根据词典，轻率的含义为"鲁莽、无拘束、轻浮、欠考虑"等等。正因为爱迪生所处的环境气氛造成了他的缺点。

所以他曾对一名年轻的工业家说："在工商业中，没有不偷的人。我就偷了不少。不过，我懂得如何偷，他们不懂得如何偷，这就是他们失败的原因。"

尽管他这样说，但是由于在与西方联合公司的谈判中理亏，几年后爱迪生也付出了自己的代价。

例如，有人剽窃他的电灯发明专利，他本该及早提出诉讼，可是，以前在旁证席上的8天作证，一次又一次地解释自己如何在西方联合公司的卵翼下工作，又如何将自己的发明出售给了该公司的敌手等，这些都在他的思想上留下了深深的烙印，因而也就使他失去了诉讼的胆量。

毋庸置疑，古尔德付与他的3万美元，使爱迪生渡过了难关。然而，他在后来写道：

这笔钱我全部用来试验一种六通路的电报机，结果未能成功。从财政的角度上看，如果不发明那个四通路系统，也许我的经济状况会比现在要好些。

至于不久将控制西方联合公司的古尔德在这笔交易中获得了多少好处，我们可以从爱迪生在1892年发表于《科学美国人》杂志上的文章中看出：

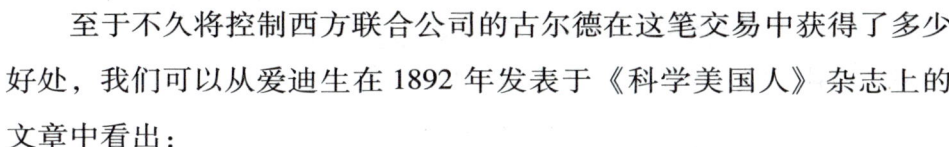

我的四通路系统中的每1英里电线都相当于以前的4英里电线的功用，他使用的这种四通路系统总起来就等于省去了价值1080万美元的21.6万英里长的线路。

而且这些省去的线路无须进行检修。假如按以往每年每英里4元检修费计算，每年共合节约86.4万美元，此外，还省去了借贷1080万美元建造基金所要偿付的利息。

在四通路系统的优越性还未得到充分发挥之时，爱迪生又开始了另一项足以证明他的才干的试验，这就是信息存储系统。

1874年夏，美国联邦法庭最终判定了一项"使用可缩弹簧，从电报机磁铁中拉出电容器扳杆"的专利发明所有权。这就是佩吉专利。

这项设计是电报线路转换设备的关键，长途电报必须使用这一技术。据爱迪生讲，在法庭上失败的一方无可奈何地请求他，必须找到一种不用电磁铁的继电器。这种想法在当时被认为是异想天开，就像既要演哈姆雷特，又不用王子形象一样荒谬。可不是吗？只有用电磁铁，电报线路另一端装置的继电器才能发生作用。只有使用电磁铁，才能以电流的通断促使震臂接通或断路，形成莫尔斯电码的点与线，这还用怀疑吗？

我们可以说爱迪生是走运的，他很快就发现了绕过佩吉专利去制作继电器的原理。更为公平地说，他的成功，正是源于他不弄清每一现象的"为什么"，就不肯罢休的认真习惯。

这次，他忆起了昔日一次试验中的发现：如果将一张纸浸在某种化学溶液里，然后通过电解反应就会使纸更光滑。他不久就发现，如果用粉笔替代纸，可以得到相同的效果。

从这一简单的事实出发，他开始制作一种出色的设备。这种设备的核心是一个转鼓，用时钟机构带动它不断旋转。靠在转鼓上的是连接震臂的一个小垫。

随着转鼓的运动，鼓与垫之间的摩擦力就能使垫运动到震臂最远的位置。如果摩擦力消除，弹簧就可将震臂拉回。在实际运用中，电报电路的一极连在转鼓上，另一极与震臂和垫相接。如果没有脉冲信号传来，震臂就永远停在最远的位置；如果表示点与线的信号从线路传来，震臂就会弹回。这样，震臂的运动就成了重复脉冲信号，进行通断电路的装置——不用电磁，且简单易制。

爱迪生的发明不仅仅是绕过了佩吉的专利，事实上，它比电磁装置的常规设备有更大的优越性：它对电流的灵敏度极高，甚至可使一般设备所无法运转的微弱电流对它生效。爱迪生对此描述道：

> 这台机器就要完工，它装备精细，由时钟机构驱动。我只用了弱得无法驱动一般电流计的电流强度引动了震臂，使局部电源接通。

爱迪生29岁时搬迁到了门罗公园。门罗公园在纽约郊外，距纽约大约40公里。爱迪生一直想在纽约附近建立他的实验基地，希望基地的环境安静，配套设施齐全。

在这之前，在完善电笔性能的过程中，爱迪生就准备离开纽瓦克。后来，他针对这次迁移作过几种解释。他对代尔和马丁两人的解释是由于房租问题。

他说："我曾在纽瓦克租下一个小车间，位于一家锁厂的楼上，本来讲好按月付钱。可我在那里工作了不长时间，就迁到了外地，因

为纽瓦克的房主后来又依当地的法律要求我预付一年的租金，这真是太不公平了。于是我下决心要迁出这个竟允许存在不公平的地方。"

在发表上述议论之前，他曾在自己的新总部即门罗公园境内建起的小舍里表示："当公众找到这儿时，我就毫不犹豫地钻进树林里去。"与爱迪生共事多年的弗兰西斯·杰尔认为，爱迪生的确需要一个与世隔绝的地方。

爱迪生的纽瓦克工厂虽然不同凡响，虽然他在那里推出了一件又一件值得称赞的发明，但从实质上说，它仍然是个生产单位，而不是为研究工作服务的实验室。

所以早在1876年他就决定要建立一处与此性质不同的工厂，它的任务就是研究人们的实际需求，然后找出满足这种需要的方法。

而且，此时他已经从纯粹的制造业中获得了足够的本钱，他也确信自己可以靠发明新产品维生。

后来他描述自己建于门罗公园的实验室说：

> 许多人坚持认为我是纯粹的科学家，而我却不这样认为。我并不研究自然界的规律，也不曾做出这类伟大的发现。牛顿、开普勒、法拉第和亨利是为了探索真理而学习科学，我不是。我只是纯粹的职业发明家。不论是我的研究，还是我的试验，其目的都是为了发明一种具有商业用途的物件。我认为，称我是科学发明家，而不是机械发明师，也许更为合适，虽然这两类人之间的确没有什么区别。

在爱迪生选择发明目标之际，他决不会忘记当初制作了选票记录机却没有找到主顾的教训。现在，他要建立的，正是几十年后才出现在工业企业中的那种规模巨大的研究组织。然而，在1876年，这种组织却被人看成是革命的事物，因此他受到了科学家和大企业主的攻击。原因是：科学家对这种将科学用于实际的做法表示不屑一顾；而大企业主对以科学方法发展工业则是将信将疑的。

1876年，爱迪生在创立工业实验室之前，就打算找个离纽约不远的地方施工。最要紧的是环境幽静，以免分散科研人员的注意力。爱迪生在酝酿这一研究中心的时候，还考虑到要为他的工作人员提供更舒适的生活条件，而不是像纽瓦克那样，街道狭窄灰暗。

爱迪生的父亲塞缪尔·爱迪生从伊利诺伊的老家出来，为他的儿子探查这样一个地点。他在门罗公园一望无际的田野中，发现了一个小小的建筑群，这里正处于宾夕法尼亚铁路线，距伊丽莎白不远，离纽约也只有38公里。1876年的门罗公园，还是个不为人知的地方。不出几个月，爱迪生就给它带来了新的面貌，不出十年，它就以留声机和白炽灯的诞生地而闻名于世。

他在当地现成的房屋里选购了一座较大的建筑，以便从这里监督实验室的工作。实验室的建筑呈长方形，分上下两层，并设有开放式阳台。

附近，矗立着机加工车间和一个木工房，后来又在这一带建起了另外几座建筑物，其中包括一座图书馆。整个建筑群由洁净素淡的木栅环绕着。

就在这一朴实无华的工作地点，爱迪生集结了一伙极为能干的工作人员。原在纽瓦克的查尔斯·巴切勒、约翰·克罗西、约翰·沃特以及其他一些出类拔萃的人物均被带到这里。不久，他又雇用了后来成为普林斯顿大学和新泽西大学的数学家的弗兰西斯·厄普顿和玻璃吹制工路德维格·贝姆等一些被他称之为"朋友兼同事"的能工巧匠。

爱迪生的这一措辞，可使我们联想到他在门罗公园取得成就时的工作气氛。他的热情，他的能力，以及他那兴高采烈的精神，使得这个组织的成员无时无刻不处在最佳进取状态。

在这里，他无须逼迫人们鼓足干劲，因为，只要这位不拘小节、友好善意的"老头子"——只有30岁的"老头子"在使劲干，大家都会仿而效之。在他的创造性最佳的这一段时期，爱迪生使这里的人们形成了一种带有部族土人色彩的崇尚英雄行为的风气。

这座发明公司的中心，就是实验室。实验室的一楼几乎布满了放置灵敏仪器的工作台，工作台都建在地板之下，保证防震的砖制地基上。同这座实验室相接的是另一化学实验室，那里还有一个房间，专门用来检验灯光的不同强度，以进行比较研究。

楼上是一排排长方形工作台，工作台上放着化学仪器和其他仪器。环墙是立架，架上摆满了化学试剂。

在房间的最里面，有个巨大的玻璃柜，其中不仅有较昂贵的化学药物，还有各种金属样品。每张桌上都散放着书籍杂志，打开的都是爱迪生刚刚看过的那一页。

弗兰西斯·杰尔回忆说：

> 当落日的最后一线余晖从旁窗射进来时，这座大厅就像是一个浮士德试验室。

房间角落里放着一件与这里的环境格格不入的物品，一架显然是经常使用的风琴。它的存在暗示出这座实验室里的生活或许不是那么死板。事实的确如此。

"浮士德"在驱使着他们工作。

爱迪生后期的一位同事说：

> 爱迪生睡觉，不分时间，不分地点，什么都可以当床。我曾见他用手做枕头睡在一张工作台上；还见过他两脚架在办公桌上睡在椅子里；有时他也穿着衣服睡在小床上。还有

一次我见他一连睡了 36 个小时，中间只醒来 1 个小时，吃了一大块牛排和一些土豆、馅饼，抽了一支雪茄。此外，他还有站着睡觉的时候。

有时，他不用手当枕头，而是垫一本化学辞典，等醒来时，立刻就有许多新的设想，所以人们说他在睡觉的过程中也吸收着辞典里的知识。爱迪生的吃饭时间从不固定，常常是半夜才用晚餐。

据杰尔记载：

吃过晚饭，我们享受着雪茄烟的美味，这时，常常有人弹起风琴，我们大家就随着唱起歌来，有时，还有人表演独唱。有位同事的嗓音就像是番茄罐头盒摩擦大坛子的声音。他每唱一支歌，我们大家就立刻发出一阵哄笑。这个人还善于模仿铝膜唱机的动静。每当贝姆来情绪时，就会奏起他的齐特拉琴，给我们唱起好听的德国歌曲。

凡是来此访问的人，一般都会受到欢迎，尤其是与爱迪生混得很熟的报界记者。他们在这里能采访到有趣的新闻，爱迪生与记者，甚至连最荒唐的题目也加以讨论。

比如，他们就议论过如何从黄瓜里获得能源的问题。对此，爱迪生富有想象地推断说，由于黄瓜吸收阳光，所以"如果可以逆转这种过程，我们就可以从中获得有实用价值的能。在这种情况下，黄瓜就是储存日光的电池，毋庸置疑，科学将帮助农民发现一种独特的光源"。

人们问他，是否想进行这种试验呢？

爱迪生打趣说："也许以后要搞，但我首先要向世界证明我的电灯是行得通的发明。其他问题，还要过一段时间进行，因为没有必要

把自己的本领一下子都拿出来。"

许多来访的人,对爱迪生不讲究的膳食招待感到吃惊。威廉·普利斯在1877年5月18日的日记里写道:"我在一个叫门罗公园的地方和爱迪生共度了酷热的一天,他是位出色的电工,我们对那里的仪器进行了试验和检查。吃饭时,他为我提供的竟是生火腿、茶水。"

如果来访者挑剔爱迪生,爱迪生也会挑剔他们,而且不是用日记这种不公开的形式。

他在《华盛顿邮报》发表过一篇以五十步笑百步的谈话,他说:

> 我记得,威廉·汤姆森来看我时,穿了一身叫你难以置信的衣服。他的裤子太短,外衣破旧,又沾满了油泥,领子比他的耳朵还高,那帽子就像是曾用来熬过汤的。而且那还是他最得意的服装。

但是,在此之前两个月,《纽约每日写真报》也曾在描写爱迪生时,提到过他的穿着,说他代表了某些美国人的特点,"操着东部人特有的浓重的鼻音,穿着普通,是一个典型的天才者的形象"。

从弗兰西斯·杰尔的叙述中,我们还可以看出爱迪生最喜欢"性格爽快,爱说爱笑"的来访者。

> 每当有这种人来,公司的职员偶尔也会加入夜餐聚会。过一阵后,当我们准备工作时,来访的人就表示该回去睡觉了,而他们总是哼着歌离去,一般是唱些"女士们再见"等歌。

门罗公园与多数大企业研究组织的区别之一,就是他们有高昂的工作情绪。当然,规模也是个重要因素。

爱迪生从不雇用很多人，和具有上千人的大型组织相比，他这里的人员之少，就好像是驱逐舰之于航空母舰。所以这里人与人之间的关系十分和睦。

另外还有一种过去与现在的区别。技术发展到了今天，即便是最简单的工业发明也需要各行各业互相配合，因此不像爱迪生时代那样只由一个人主导，一个人提供发明思想，一个人进行设计。

今天，每提出一个初步设想，一般都是一组人，而不是一个人。尽管当时爱迪生分配给雇员们的某些工作，也需要几种技术的配合，但在实际工作中，他本人仍然是主要的动力，唯一的裁决者和评判者，集众人一个月的劳动于他一人的决定之下。他的思想，就是整个企业的指导思想，他的方法也是整个企业的工作方法。

爱迪生的发明是一种个人直觉与严格科学原理的奇妙结合。他说：

> 在考虑某项设计时，我老是从个人兴趣出发，如果感到这方面的研究乏味了，我就转向另一个方面。这样，我总是同时考虑着七八种设计，随心所欲地从一项转向另一项。常常是当某项工作看不出有进展的希望时，我就把它放在一边，开始另一项工作，而且是想起哪件就抓哪件。到了一定的时候，我又放下这件工作，回到原来的工作上去，直到把它完成。

由潜意识支配工作的方法有两种。处理化学问题时，爱迪生使用的是植物栽培学家路德·伯班克的方法，先是把某种作物种上1英亩，然后从中选优，进行繁殖；处理机械性质的问题时，他所依靠的是严格的逻辑思维，并且仅仅依靠逻辑思维。

无论遇到什么问题，也无论采取何种方法，只要爱迪生从兴趣出发，全面出击，就势必会出现许多挫折。

然而，他和爱因斯坦一样，从不因为失败而气馁。爱因斯坦曾花了一年多的时间，试图探索出联系电力与磁力的集合场论，但这位相对论的创立者没有成功。他的结论是，现在已没有人再去浪费时间解释这一行不通的设想。爱迪生也是如此。

一位同事曾向他抱怨某项工作虽然进行了上千次的试验，结果还是徒劳无益，爱迪生安慰他说：

"我愉快地告诉你，我们是失败了，但却从中学到了东西，因为我们现在明白了那项设计不能用这种方法完成，应该另辟蹊径。"

一种办法不行再换一种，直到将问题彻底解决，这就是门罗公园的精神。弗兰西斯·杰尔曾在回忆录中援引爱迪生对某雇员的发人深省的批评说：

> 他博学多识，但不专心致志。我吩咐他按规定的计划进行研究，而他在研究中发现某一对他来说是新鲜的现象时，尽管这种现象显然与设计中的新设备无关，但他还是步入其中，在那上面浪费了时间。我告诉他，我们不能那样花费时间！我们必须持之以恒地研究具有商业价值的东西，我们办这个实验室，也正是出于此种目的。我们不能像昔日的德国教授那样，只要有黑面包和啤酒，就可以心满意足地终生探讨蜜蜂经营的秘密。

大约仅用了一年的时间，门罗公园就在爱迪生的手里变了样。巴切勒和厄普顿也都有了自己的私人寓所，设在这里的廉价旅店原来只有乔丹太太一家，现在又有两三处开始营业，旅店里也增添了新的经营项目。

不出4年，当实验室全力以赴进行白炽灯研制时，雇员已达200

多人。

在这一新型的社会集合之中，刚过 30 岁的爱迪生就像父亲一样地施行统治。他的招聘、解职以及经营办法都不同寻常。当后来成为著名的金刚砂发明者的爱德华特·艾奇逊前来求职时，他被带到主要试验室。

艾奇逊描述说：

> 一张桌前坐了 3 个人，中间的那位穿着格衫，没穿外套，他被介绍说是爱迪生先生。坐在他左边的，我后来得知是威廉·J. 哈默先生，右边的是弗兰西斯·R. 厄普顿先生。
>
> 爱迪生先生将手往耳朵上一指，表示要我大声讲。他问道："你来干什么？"我回答："找工作。"他有些不耐烦地说："到机加车间去找克罗西。"说完又回去干他的工作了。

爱迪生在日常工作中表现得毫无规矩。后来担任他的秘书的塞缪尔·英索尔甚至放弃了要爱迪生遵守纪律的企图。

英索尔说：

> 我无法使爱迪生的生活走上正轨。他的许多做法，足以破坏任何工作场所的秩序。他可以在中午干活，也可以在半夜干，他既不在乎今天是星期几，也不在乎现在是几点钟。如果感到累了，他会在白天大睡起来，就像是半夜一样，也许这是因为，他的多数发明工作都是在半夜进行的。我过去曾尽量把他的办公时间安排得井井有条，每到适当的时候，我就提醒他。有时，他会连续几天不看来信来电；有时，也会坚持每天早晨上班。如果我白天要去纽约办事，他就会在

夜里召我去商量门罗公园的经营事务。

这种随遇而安的生活方式，乃是爱迪生处理日常事务的特点，如果这些都算得上是日常事务的话。新的设想不断在他的头脑中产生。与朋友共同进餐，或是交谈之时，他会突然在言谈中发现，或是想起某一技术问题的解决可能。

每到这时，他就会掏出来到门罗公园以后开始使用的黄色的200页厚的笔记本，立刻记下自己的想法、日期，并简单地勾画出一幅草图。

这样的事情，有时一天要出现十几次，一本笔记能连用几个星期的时候很少。许多笔记都是几天就完，到爱迪生去世时，他共记下了3400个本子。

他在这儿的一连串发明，其范围之广，远远超过了以前的纽瓦克工厂。

门罗公园研究所的建立，不但在爱迪生一生的事业中具有不可估量的意义，而且在美国历史上也是一个创举。因为这是第一个有组织的工业科学研究机构，它标志着集体研究的开端。新的实验基地被爱迪生命名为"门罗研究所"。他为该实验室配备了大量的科学设备，价值4万美元，并扩充了图书馆。

爱迪生在有了自己的研究基地后，新的发明接踵而来，新的产品一个接着一个被制造出来。其范围之广，远远超出了以前的纽瓦克工厂。

1876年，费城举行了科学发明百年纪念展览会。展览会上展出了过去百年来美国所发明出来的各种成果，其中包括发明家爱迪生的发明成果。

发明电话展开技术竞争

正当爱迪生为电话机如何能准确传送声音而费神的时候，另外有两位科学家也产生了同样的想法，并开始从事电话的发明研究，他们是亚历山大·格雷厄姆·贝尔和伊莱沙·格雷。

贝尔在1876年2月14日完成了电话的发明，正式向美国政府申请发明电话机的专利许可证。在同一天伊莱沙·格雷也完成了这项发明，正式申请专利许可证。而格雷只比贝尔迟了两个小时。

世界上最早申请"以电线传送声音"的发明专利权的是贝尔。但是，它的音波极为微弱，除非距离很近，要不然就听不清楚了。参加费拉德菲亚博览会的时候，也因为声音太小，大家都认为这只不过是一种玩具，没有受到重视。

可是，后来因为波士顿的银行与银行之间，利用防盗警报器的电线装设电话以后，电话的需要量日增，贝尔因此成立了一个小规模的电话公司。

有一天，西方联合公司的奥顿董事长来找爱迪生。

"爱迪生先生，你对贝尔的电话，有什么意见？"

"我觉得还是不行。不过，假如，他真的能把它做得更好，那就会成为很了不起的东西。"

"我今天来拜访你就是为了这件事，以目前的趋势来看，电话渐渐发达，对于电报事业是一个严重的威胁。怎么样，老兄，肯不肯把它改良成实用的东西呢？"

"好的。我认为发明这件事，并不是单从发明家的脑子里想出新奇的东西就好了，我们还要能制作出社会上所需要的实用品，这才是发明家的天职。让我把那个玩具改良成完善的实用品吧！"

于是，爱迪生便又开始从事电话的改良。

爱迪生在对四通路电报机加紧研究的时期，就已对通过电线传送声音的问题感兴趣。他在初次试图制造会讲话的电话机时，利用了德国发明家菲利普·赖斯的送话器和他本人以前所使用过的一种谐振接收机。为了传送清晰的言语，首先是应当提高送话器的灵敏度。换言之，应当把那种在声音振动影响下发生明显变化的电阻，接入电话的送话器的电路中。

爱迪生开始试验，怎样可以提高接入的电阻的灵敏度，例如在赖斯送话器中，在薄膜上的针尖和铂片间放上几滴水能否起作用，开始时彻底失败了。

同时，爱迪生还试验一种动力传话器，发话、收话都很成功。传话器中用黑铅或石墨时音质很清晰，但是音量方面还不能令人满意。于是他用一块填满黑铅粉的圆布做实验。

1877年上半年爱迪生试验了载电电话机、静电电话机和电力电话机。为了找到一种能够发出声音更大的材料，他试验了50余种不同的传话器和许多不同的电话机。每一部电话送出的声音比以前发明的电话的声音都大而清晰，但爱迪生对这些电话机仍感到不满意，他还要继续试验。

一天晚上，爱迪生在实验室做实验时，油灯不亮了。他发现一种被称为碳墨的东西把灯的玻璃罩子熏黑了，便把这碳墨刮下来涂在一个金属的轮状物上，用这种物质制成了小盘装在电话里，产生了极佳的效果，它发音清晰，

音量比使用电磁原理制造的电话要大几倍。爱迪生的"碳阻送话器"和现在我们使用的一样，这种送话机比贝尔的电话更为优越。

电话到底是谁发明的，是爱迪生还是贝尔？这个问题双方在法院争论了11年之久，最后法庭判定贝尔是发明人，而使电话的性能更加完善的人是爱迪生。西方联合公司对于爱迪生的电话试验非常关注，奥顿董事长和爱迪生也特别亲近起来。一般人对于这"电气玩具"的态度也在逐渐改变，用户也在逐渐地增加。那年春末，奥顿邀请爱迪生来纽约，要和他签订合同。西方联合公司想要爱迪生发明的送话器，希望能出让给他们。爱迪生自己认为这项技术可值2.5万美元。他先请奥顿出价，奥顿的回答居然是10万美元！

得到爱迪生的碳阻送话器的奥顿，自认为有了资本，便开始向贝尔发起进攻。不久，他在西方联合公司的支持下，用30万美元开办了美国电话公司。碳阻送话器一经采用，贝尔电话的用户立刻要求获得与此性能相同的通信设备。

由此，在爱迪生与贝尔之间发生了非常激烈的争执。1878年秋，碳阻送话器被送到英国并进行实验。实验结果很成功。实验以后，又在英国皇家学院做了表演。实验时，在线路的一端用了爱迪生的送话器，而另一端的收话器却是贝尔的电磁系统。因此，贝尔在伦敦的代表雷诺兹上校马上提出警告：除非爱迪生今后停止使用贝尔装置，否则将指控他侵犯专利。

爱迪生在伦敦的代表古劳德上校立刻将这一消息电告爱迪生。爱迪生听后，表示要设计出一种绕过贝尔专利的电话接收机。当时，他正沉醉于白炽灯的研究工作。

于是，他立即把白炽灯的工作停了下来，与全体研究人员一起全力以赴地投入了电话技术的攻关。在不到3个月的时间里，爱迪生便绕过了贝尔电磁系统，成功地研制出了新型的、声音效果更好的收话器。

1879年3月,爱迪生的侄子查尔斯将这台收话器带到了英国。它被人们称为"扬声电话""白垩接收机""驱动接收机"等各式各样的名字。

4月,这台机器和碳阻送话器一起拿到皇家学会表演。观众都是名流,其中包括学会主席威廉·斯波蒂斯伍德。

送话器装在皇家学会在阿尔比尔马勒街的实验室表演时,在送话器旁读了一段格雷德斯通先生的讲话。接收机安在皇家学会的伯林顿馆,离发射机几百米远,收听效果甚佳。

爱迪生一方宣布,这架接收机仅仅是在古劳德上校催促下,为收听廷德尔教授关于现代声学的讲座而"在5天之内赶制出来"的。

他们还补充说,造这架机器纯粹是为了实验。他们的这种说法,也许是为了让贝尔的阵营相信爱迪生一方对待此事并无认真之意。

事实证明,爱迪生的接收装置确实存在着一定的缺点,其中之一就是要不断地转动滚筒。尽管如此,爱迪生的这种"电化学电话"还是比它的前身大大地推进了一步,将它拿到美国科学促进会表演之后,爱迪生本人获得了巨大的声誉。

爱迪生与贝尔之间的竞争,到1879年8月30日发展到了白热化的程度。这天,爱迪生和贝尔都来到了萨拉托加溪的市政厅,现场表演各自的电话设备。

发送装置放在邻近的房间,用电线与大厅相连。查尔斯·巴切勒在送话器旁朗读了被《纽约论坛报》称之为喧闹的词句并演唱了歌曲。在使用贝尔的装置试验时,只有站在表演台上的一个人能听见这些词句与歌曲,而且还要把听筒贴在耳朵上。当使用爱迪生的送话器和贝尔的听筒时,靠近机器的几位听众都可以听见巴切勒的声音。

最后《纽约论坛报》说:

电化学电话的效果压倒了一切。巴切勒先生的讲话、朗诵和歌声响彻大厅，听众们为听到"玛丽有只小羊羔""杰克和吉尔上山去""约翰·布朗的躯体""曾经有位小姑娘"等颇为清新的歌曲而十分欢乐。

在他们各自描述自己的设备构造原理时，爱迪生的风度与文化修养颇深的格雷厄姆·贝尔的风度大相径庭。据《纽约论坛报》报道：

> 贝尔以他那古怪而朴实的风度，不加修饰却又明晰的思想和自己与众不同的精辟词句吸引着听众，使他们神往。
>
> 爱迪生先生确实算不得温文尔雅。他在表演台上的姿势很不漂亮，那微屈而摇晃着的身体也不够尊严。然而，他的眼睛却异常生动，他的表情既坦率又诚挚，他不时地微笑着，显得那么畅快，使人们不能不受到感染。如果说他的讲话有头无尾，结构较差，可是他的话却都说到了点子上。与会的人都为亲眼看见了他的最新发明，亲耳听见了他谈的发明经过而感到由衷的满足。

在表演这一精心杰作的几天之前，在英国的古劳德上校成立了爱迪生电话公司伦敦分公司。爱德华特·约翰逊被派到那里，建起一座与贝尔电话唱对台戏的电话交换台。在当时的伦敦，电话被人们认为是利弊参半的发明，而《泰晤士报》则发表了一种比这一观点更为有趣的看法：

> 人们普遍抱怨，由于电报的发明，现代生活，特别是商业生活的情况几乎变得令人难以忍受；电话的来到，则势必会"造成更大的混乱"。过去，商人可以在早班邮件来到后安排自己一天的活动。自从有了电报，许多新的内容便随着

电文纷至沓来；现在口头联络又在取代书面联络的位置，这种情况肯定会使生活秩序变得越来越糟。

但是事实上，电话的出现，也会给人们以往的损失带来补偿。它可以大大地节省旅行费用，可以避免伦敦街道的车辆拥挤。但是，人们在电话问题上的偏见，便为古劳德上校的推销造成了困难。

然而，古劳德上校和他的部下都是坚持不懈的宣传家。还没几个月的时间，他们就在《泰晤士报》上发表文章，介绍了距伦敦市24公里左右的一套电话装置。

爱迪生的这位经理写道：

某先生在离开家到外面狩猎时，电话还没有安装，虽然电线已经拉了过去。在他外出不久，电话便装设完毕。等他一到家，我们就通过交换台，让人把重要信件读给他听，并请他在电话中回答问题。由于他需要与自己的律师谈话，我们交换台的接线生就依照报上刊载过的那种电话技术把他与律师之间的线路接通。而后，纽约来了一份重要电报，他又通过电话在3小时之内给了美国回答。本来这些工作要让他在城里跑上大半天，可现在仅用少量的时间，在书房里就完成了。

在伦敦，爱迪生和贝尔两家敌对的公司展开了激烈的竞争。时任英国邮电部总工程师的传记作家威廉·普利斯说："他们双方的工人把电线拉满了伦敦市的屋顶，并相互制造故障。当两方遭遇时，就会在屋顶上发生小小的混战。"

当时这两家公司谁也没有绝对的技术优势。贝尔公司的听筒性能优良，送话器却不行；爱迪生的送话器固然领先，但他的听筒有时却发生古怪的毛病。

正因为如此，当时双方主要是在较量谁的维修工作更佳。爱迪生在派送技术人员去英国以前，对他们实行了严格的考核。他安装起一座交换台，配备了10台新电话机，在考核之前，他亲自出马，不是截断某一电话的线路，就是把它的部件搞乱，再不就使电极变污。他说："如果谁能连续解决10个问题，每个问题平均不超过5分钟，我就派谁去伦敦。"

乔治·肖伯纳对这些优秀的技术人员作了细致的描写：

这些受到考验并充满浪漫色彩的人使我们窥见了美国有技术的无产者的形象。他们干起活来有一股玩命的劲头。

他们为了表示自己据有共和主义的成熟，拒不接收头戴高帽的英国佬的指挥，因为这些英国人在平静有礼的面孔后面充满了对他们的轻视，认为他们属于下层，属于一般人。

然而，他们却情愿在美国自由、平等的口号下充当奴隶。他们万分蔑视英国工人故意怠工的做法，这些英国工人只想多挣钱，而不干活儿，工作起来不紧不慢。

但是他们却对那些愿意出力的伙伴抱有真诚的敬意。就是这样的英国人，也会轻蔑地捉摸这伙异国风味的半大小子为什么不去考虑自己的利益，反而去为他们的雇主拼命流汗。

殊不知，这些美国工人们已把爱迪生奉为科学技术和哲学方面最最伟大的人物，并把爱迪生电话的竞争对手格雷厄姆·贝尔斥之为爱迪生的穷凶极恶的敌人。

他们是无拘无束的人，他们的公司是出色的。他们敏捷、快乐、不信神明；他们是谎言家、牛皮匠和拉皮条的里手。他们的言谈举止甚至可使那些不慌不忙的英国工人也兴奋得哼哼呀呀地唱起来。

这种风格与他们形影相随，他们常常是费尽气力去对付自己造成的麻烦。有时他们在禁止通行的道路上奋勇搏击，而不得不由英国人像找回迷路的羊群一样把他们带上正路，但他们却丝毫没有意识到自己究竟有什么过错。

如果说爱迪生和贝尔两家公司在屋顶上进行的战斗是无情的，那么他们在宣传方面的争斗亦同样残酷。

爱迪生公司向他们潜在的顾客们宣称，"贝尔系统的电话构造只不过是一块磁铁和一只线圈，声音通过它们送进线路以后，音量在中途便消失了大半。而在爱迪生先生的电话设备中人们听到的声音，其清晰程度与当面讲话毫无区别"。

贝尔公司则说，以上所谈纯属撒谎。他们指出："爱迪生的电化学电话很难说是一种实用的设备。在美国和欧洲大陆，许多地方已废止了这种设备，而且有个国家的权威人士还发现它的工作效果难以令人满意。"一位电话史专家一本正经地指出，这一说法也"不完全符合事实"。

1879年秋，贝尔公司抢先一步，获得了一项改良后的碳阻送话器的专利权。因为这种送话器不能用于长途电话，再加上当时电话的普及程度有限，主要集中于伦敦市中心区，所以这一专利相对来说并不那么重要。尽管如此，若非英国邮电部施加压力，贝尔公司也会由此迅猛发展。

早在电话问世之前的1868年至1869年间，英国政府就接管了私人电报公司，使之成为官方的垄断机构。当时贝尔的电话公司还未成立，所以政府接管的几家电报公司不过是"玩具公司"。

于是1879年9月，邮电大臣约翰·曼纳斯爵士突然作出了一个使贝尔、爱迪生两公司都大吃一惊的举动。他宣布，英国在1868年至1869年法案中规定的对电报的管理办法，也适用于电话，私人电话公司必须向政府申请许可证才能营业。

虽然爱迪生和贝尔都表示不申请许可证，但英国政府的攻击对象乃是爱迪生。不久，英国的司法大臣便对爱迪生伦敦公司提出起诉。爱迪生请了许多专家出庭辩护，其中大半是著名的科学家，包括雷利勋爵、威廉·汤姆森爵士以及约翰·廷德尔教授。尽管这样，爱迪生仍然失败了。

由于曼纳斯爵士的影子笼罩着爱迪生、贝尔两家公司，因此在这场危机之中，他们言归于好。

1880年6月8日，两家在伦敦的公司合并为联合电话公司。这家公司从英国邮电部获得了30年的营业许可，并答应向英国政府交纳10%的利润。古尔德电告爱迪生说，你的股份是"3万"。爱迪生马上表示接受。当草拟的契约寄来以后，他才吃惊地发现所谓3万乃是3万英镑。他原以为是3万美元，这大大超出了他的预料。

这样，从爱迪生1877年发明碳阻送话器开始，持续3年之久的爱迪生与贝尔之争宣告结束。

爱迪生在改进电话方面所付出的劳动是巨大的。没有爱迪生所做的改进，电话就不会得到广泛普及，不会成为简单、廉价和方便的通信手段。

我们可以这样说，学术上成功地发明电话的是贝尔，而在实用上成功地改良电话的是爱迪生。

在这一段时间，爱迪生还有许多发明。其中主要是设计了白炽灯。此外还制出了油印机和复印机的前身如电笔等设备。这就再一次证明了他的发明完全是以现实需要为前提的。虽说爱迪生是一位与众不同的怪人，但作为一名经营者，他十分清楚不用复写纸的批量复印技术的重要作用。

这时的爱迪生一如既往，在发明之前，仍然是按照自己的设想，先在废信封上勾出一个粗略的原型，然后再将其发展成一个可以大批生产并廉价出售的产品。这次复印技术的研究，在1877年为他带来了3项专利：穿孔笔、气动铁笔和普通铁笔。

复印的程序也极其简单。先是使用一支尖铁笔在一张特制的粗蜡纸上书写，纸下垫着刻有密纹的钢板。铁笔经过的地方，纸上便留下无数小孔；然后再将这张蜡纸铺在普通纸上，用滚筒蘸着油墨从蜡纸上压过，油墨透过小孔，留在下面的纸上，就形成了一张与原版一模一样的"拷贝"。

不久，爱迪生又设计出一种气动铁笔代替了这种简单的铁笔。气动装置可使笔尖做上、下运动，这样便在纸上留下一连串的微孔。最后，他设计出一种电笔，这也是他的成型产品。电笔笔管很细，内装一个钢尖，钢尖的上方是一台微型电机，电机的凸轮带动笔尖做每分钟数百次的上下运动。

驱动电机的是本生电池组，即两个大玻璃瓶，内装一个活塞。使用电笔时，活塞就把极板送入电解液，不用时，极板就被活塞拉出，这样就能节省电能。为使这种电笔适于"办公用"，电池组上还装了一只夹子，笔闲置时就夹在上面，十分方便。

但是，依现代标准观察，谁也不会在办公室使用爱迪生这种电笔。然而在当时这可是一项惊人的成就。用此种方式刻出的蜡纸，可以复印3000份。所以，不出几年的时间，不仅华盛顿的政府机构使用了这种装置，而且还远销俄国、中国等地。

接下去就是爱迪生对打字机的改进。打字机的原始模型是克里斯托弗·莱瑟姆·肖尔斯和他的两名同事在1868年设计制造并取得专利的。但在开始时这种机器的发明困难甚多。

因此，肖尔斯等把20多台不同的改进机型拿给可能有兴趣改进它们的人征求意见。爱迪生就是其中之一，他被询问是否能将此机器发展到商业化的标准。爱迪生发现，制造打字机并非易事。他后来回忆说：

> 这种机器在使用中，常常会出现一个字母高于另一个字母六分之一英寸的情况，每到这时所有的字母都有出格的危险。我不断改进，反复试验，才达到了较为满意的标准。

爱迪生改进后的打字机，就是后来的名牌：雷明顿打字机。同时，爱迪生遵循着他的老习惯，原始模型一经成功，他就把注意力移到了其他的发明上。20年之后他曾表示：

> 当时，我还想发明一种电动的无声打字机。但是，由于那种打字机效果不错，没有立即改造的必要，所以我就放弃了自己的打算。

集中精力研制适应特定需求的专门设备是爱迪生毕生工作的特点。由此他便产生了对那些只从事理论研究，而不动手实践的人的蔑视，这种蔑视有时表现得毫不隐晦。

爱迪生很清楚，发明家的世界，是建筑在科学家劳动成果的基础之上的。他雇用科学家，就像雇用金属加工工人和吹玻璃的工匠一样，而且他倾向于把科学家与后面这些人等同看待，从来不在公开场合表示脑力劳动者的地位应与体力劳动者相区别。

一部分原因是他本人的经历所致。他取得了许多成绩，但并未借助大学教育。另一部分原因是，在1870年至1880年间的美国，很少有人想到要把那巨大的科学知识储备运用于实际。也许，我们还可以添上第三个因素：爱迪生的确从内心喜爱挽起袖子做手工劳动，甚至在临终以前，他还能焊接电路，或是在焊接电路的过程中钉钉子，他所做的一切都比常人技艺纯熟。

然而，在爱迪生事业的早年，这就成为他自以为是的理由，为此人们有时也会看到爱迪生在创造过程中作茧自缚，主要原因就是他酷爱实践而不愿做理论性的探讨。

如果说忽视理论未能阻止爱迪生为世界带来空前的，使我们的生活更有内容的发明的话，那么我们也不应该忘记，理论知识不足所给他造成的不利和他为之付出的代价。

例如，早在赫兹对电磁波进行举世闻名试验的12年前，爱迪生就遇到过赫兹所描述的现象，只是由于缺乏理论，他才对此熟视无睹。

同样，约翰·安布罗斯·弗莱明能应用"爱迪生效应"制作出电子工业的关键部件，即真空管，而爱迪生本人却未能发现这种效应的意义。

为此，爱迪生先后错过了两次机会。第一次是在1875年11月，即离开纽瓦克工厂前不久。在试验中，爱迪生发现振子磁铁的磁心爆发出了火花。

他在1875年11月22日的日记中写道：

> 我们经常在继电器和股票情报接收机里发现这种现象，那时还以为是电枢与磁心之间混入了碎铁屑。使用电笔时，更常见到这种现象，我们又认为这是由于强烈的电感应所致。

不过，这次火花极强，爱迪生认为有必要另当别论。于是，他把振子与煤气管接通，发现它可以使煤气管放出火花。接着，他又进行了另外一些试验。

最后，他在笔记上写道：

真是太奇妙了，这些试验最好地证明了造成这种火花的乃是一种地道的未知力。

在其后的几个星期里，他把这一现象取名为"以太力"。因为它与既成的电学定律格格不入，它不受电极的限制，无须电路，也无法绝缘。除非在磁铁线圈中通过强力电流，否则它对人体不发生明显的作用，对经过特别处理的青蛙腿也不起作用，这是当时最细致的一种试验。

爱迪生不懂得他所发现的是什么东西，他认出这是空间传播的能，并在1876年元月的《操作员》杂志上撰文详细地阐述了这种火花现象的可能意义：

将来可否借此以一种迅捷而经济的电报传递形式代替现在的笨重装置，如电线杆、绝缘磁珠、电缆皮等等。这将会大大节省时间和劳动。

然而，其他的事情迫使他放弃了对这种"以太力"的深入研究。几年以后他曾表示：

当我初次发现它时，我把它看成是极讨厌的现象。那时我正忙于无数其他的试验，无暇对它作进一步的了解。我只是观察到了结果，然后就把它送给了别人。他们接过我的发现，取得了新的成果。

爱迪生在10年之后提出了无线电报的专利申请。但他明确地表示，他所借用的原理，与那种神秘的"以太力"毫无关系，完全是两种不同的概念。

发明和改进留声机

爱迪生的研究所主任是从瑞士来的克留吉,他是一个很有才能的人,爱迪生所指定的工作,不管有多么困难,他都能把它干好。

有一天,爱迪生拿了一张奇怪的设计图交给克留吉:"请你帮我做这部机器。"

"好的,这是一部奇怪的机器啊。"

"嗯,要多少天才能做好呢?"

"还没有做以前很难说,反正我会不停息地去做,直到完成为止。"

克留吉和爱迪生一样,是一个能吃苦耐劳的人。他接到设计图样以后,就在工厂里不眠不休地工作起来。30多小时后,他将做好的机器,带到研究室里来了。

"做好了,所长。这到底是什么呀?"

爱迪生张着略带诙谐的眼睛,说道:"这个呀,我向机器说话,机器就会照我的话重复说一遍,就像是鹦鹉一样。我把它叫作留声机。"

"哪有这种事!"

"你不相信吗?我认为是可能的。"

爱迪生一本正经地说。

厂长加尔曼在旁边听到了,便说:"喂,老克,算了吧,老头子又在开我们的玩笑了,无论如何,我也不相信有那种怪事。"

"你真的不相信吗?"

"是啊,我用一支雪茄烟和您打赌。"

"赌一支雪茄？好吧，我们就来试试看。"

他在机器上面贴了一张锡箔后，一面摇着把手，一面唱着摇篮歌："玛丽的小羊，穿着白衣裳；玛丽一走动，它就跟在后头跑……"

爱迪生一唱完，大家都笑了。爱迪生也露出了微笑，望望他们，并把机器调整了一下，又摇起把手来。说也奇怪！爱迪生嘶哑的声音，马上断断续续地从那部机器里传出来。

大家都吓了一跳。克留吉的脸也发白了，嘴里喊着："啊，我的天呀！"

"我输了。"加尔曼说着，立刻掏出一支雪茄给爱迪生。

"所长，您怎么会想到这个玩意呢？"

原来，在这之前，爱迪生完成了一套新型装置，即1867年，他申请的自动电报记录机专利。专利书的文字描述说，这是"一种记录普通电报信号的装置，它借助于一支锉状铁笔在一张卷在滚筒或铺在铁盘的纸上打印，滚筒和铁盘的表面，都刻有细槽"。次年，他又试验自己的电话。他记录当时的情况说：

> 我的脑子里想的都是声音震动理论和利用振膜传送声音的方法。所以，我很自然地想到：既然能打出可以再记录电报声音的纸带，那么振膜的震动为什么就不能记录下来，将一张纸条从中穿过，并在穿纸的过程中喊了声："你好！"然后又把纸条抽出，我与巴切勒屏息静听。我们清楚地听到机器发出了声响，借助于想象，就可将这声响译成"你好"，这样，我决定要进行下一步试验。可是巴切勒对此有些怀疑，他和我打赌，谁输了就交出一桶苹果。

这次试验的日期没有记载。但在爱迪生的记录本中，有一张草图，日期为1877年7月18日，上面注着：

  关键是连在中心膜边缘的橡胶膜，在靠近或处于嘴唇的位置时，发音使它产生震动，它将震波传到中心膜，继而传向外层膜。由此，我们发出的辅音被增强，使声膜震动起来，我们刚刚做完这样一种试验：用一带有凹凸纹的紧贴着蜡纸随着发音作迅速摩擦。于是我们发出的"斯——、波——、嗑——、哥——"的声音震动就被清楚地记录在蜡纸上。毋庸置疑，据此，将来我一定会十分完满地储存和再现人的声音。

  这份记录以充足的理由否定了人们关于爱迪生是因为手被一台试验中的电报记录机的振针刺痛后才产生的灵感，想到留声机设计的传闻。尽管爱迪生不止一次地否认过这种传闻，但它还是流传不止，而且常常被说成是出自爱迪生本人之口。

  1889年世界博览会上，在大量的展品中有一样东西引起了观众的特别兴趣。

  在电机和电器馆里，摆放于专门展台上的爱迪生的一些发明中间，陈列着几个由红木做成的箱子，里面是一个复杂而又精巧的机器。从机器中伸出一根根长橡皮管，每一根管子的另一端都分出五六根直径更小的管子。每一根更小的管子又都照样分成两个短而且更细小的管子，该管子末端是一个用鲸须制成的头。

  博览会的参观者们在这些展品台子前排成了长队，每次可让6个人同时参观这一台机器。参观者把管头放进耳朵里，听这台机器的播送。播送的声音极其逼真和清晰，就像真人在说话一样。因此有些听众还产生了怀疑。有些机器播送的不是说话声，而是音乐。人们可以在留声机里听到交响乐队的演奏和某些乐器的演奏，以及歌唱家的歌声。

博览会的介绍材料和图文并茂的《展览会指南》中写道：

从爱迪生留声机听到的说话声和音乐声的录音，是在博览会开幕前不久才录制成的，而且这种录音可以长时间保存下来。

爱迪生对自己的这项发明极其热爱，把它称之为"最心爱的东西"。爱迪生对1877年来到门罗公园的报社记者说："我发明了许多机器，但这个机器是我的最后一个孩子。我相信它会成长起来，并成为我在晚年的依靠。""最后一个孩子"这就意味着是当时一项最好的发明。

爱迪生在30岁之前所有的发明，从有关电信的机械开始，大半都是已经知道原理或是对别人发明失败的东西加以改良而使它实用化，唯独留声机是他独自创造的。

爱迪生是第一台留声机的制造者。但最初提出这一设想的人并不是他。摄影术的诞生，使许多富于想象的人们不禁探询，既然能够记录图像，为什么就不能记录声音呢？

1839年汤姆·胡德在他的《每年笑闻》中写道：

在这个发明层出不穷的时代，当自动图画纸已经问世，可以用来复制可见物时，谁能否认将来会有人发明一种重述声音的复写纸呢？

此后40年左右，一个叫查尔斯·克罗斯的法国科学家设想的留声机与爱迪生的设计，就如同华莱士的进化论思想与达尔文在《物种起源》中的翔实论述一样大同小异。

1877年4月，克罗斯撰写了一篇论文，在论文中描述了以人的声音震动薄膜，薄膜在一块涂有炭黑的玻璃上留下了震动细痕，然后用光蚀方法，将细痕印在金属盘上，再用另一薄膜的附件在光蚀后的细纹上移动，这样薄膜就重现了原来的声音。但是由于克罗斯找不到财政支援，试验很难进行，他便采用了当时惯用的做法，把论文封好，存在了巴黎的科学院。

几个月后，他和一位科普作家雷诺神甫谈起了他的计划，同年10月10日，《教区一周》杂志上便以雷诺的名字发表了一篇介绍克罗斯装置的文章，并将这种装置取名为留声机。又过了两个月，因为获悉大西洋彼岸的爱迪生也在进行这一试验，克罗斯才决定将自己的论文公布于众。

留声机的潜力很大，用途是多种多样的。各方面的专家都可以把上面的使用场合加以扩大。专家们赞许地评论了留声机，认为音乐作品的演唱者应广泛利用留声机，要经常听听录到留声机上的自己的演唱，因为任何一个发音不正确的音调，任何一个声音的走调，都会被录下来。

留声机也在欧洲引起人们很大的兴趣。威廉·普里斯在1878年1月演示了留声机模型，并在伦敦皇家学院作了关于留声机的报告；弗利明格·詹金教授根据记述制作了一个留声机模型，并在爱丁堡作了关于留声机的报告。在1878年巴黎博览会上，演示了这一尚未完全定型的机器。

这时，各报社记者蜂拥而来，都想探听这奇特的消息。爱迪生反复演示，持续了两三个小时。从新闻记者到各色人等，都挤进来，大家担心人太多会把楼板压塌，决定停止演示。

纽约各大报纸对这项新发明作了详细报道。当爱迪生公布其对电话的改进时，报界竟送给他一个"门罗公园魔术师"的称号。直至爱迪生离开门罗公园后，这一称号也没有改变。

当爱迪生研制留声机后，社会上更认为他对这一称号当之无愧。

因为到门罗研究所参观的人太多,铁路公司适时地增设了一趟专赴门罗公园的列车。

爱迪生于1877年12月24日在华盛顿提出了专利申请,于1878年2月19日获批准,它所包括的内容是:

> 将可由人声或其他声音震动的盘、振膜或其他物体与另外一部分材料连接,这部分的材料可由压力、刻蚀或其他方法改变表面,从而能够记录下上述振体的运动痕迹。这种记录下的痕迹,装在第二个振动盘上,便会将振体的声音重现。

除此之外,这份专利书还提到了使用转盘代替滚筒、使用熟石膏做模具,翻制原声唱片以及其他一些改进措施。

在1878年的最初几个月里,门罗公园制成了一系列的改进型留声机。在改进过程中,爱迪生和他的同事们发现,可以用同一振膜记录和放送。在记下振动痕迹之后,可用一喇叭状物体来扩大振膜上的声波,这样就能加强播放时的音量。

但是,尽管有了这样的改进,滚筒仍不得不用手摇动,因此保持录制速度的稳定性就是个问题。同时为了准确地再现录下的声音,播放时的速度还得与录制速度保持一致。

不久,他们便改用马达驱动。有人见到改进后的留声机"用蒸汽机驱动,传动带要穿过地板与机房相连"。

当然这还不算什么大问题,最重要的是载有信息的滚筒,使用几次就会磨去蚀纹;再播放就辨不出说的是什么内容了。

在门罗公园,爱迪生兴高采烈地迎接纷至沓来的报界记者。他对《纽约每日写真报》记者作出了后来经常得到援引的声明:

我已经制出了许多机器,但只有这个是我的孩子,我盼着他快些长大,以便在我年迈之时尽些赡养之责。

爱迪生给来访者以最能代表他的风格的表演。他在表演前先问:"给你们唱支歌好不好?"

十几名客人鼓掌欢迎这一建议。爱迪生召来一名助手,调整了一下样子奇异的由两支管连在一起的双话筒,然后和助手一起唱起《小伙子们在行进》,助手唱男高音,爱迪生以低音伴唱。末了,爱迪生转回滚筒,打开蒸汽阀,机器立刻唱起了这支著名的战争歌曲,每一词句都十分清晰,而且两个声部也非常分明。

爱迪生对他的来客毫无保留地谈论着自己的改进计划,以及这种机器将给社会带来的影响。他说,他将用蓝宝石来代替钢针。他还表示:

我将进行两件事,一是要取消当前的印痕方法,在话筒里装上人嘴大小的音箱,也许还带牙齿和舌头。这样,这台机器所缺乏的那种共鸣音就可以产生。另外一件,也是我立刻就要动手做的废除滚筒,代之以餐盘大小的钢盘。

这张钢盘,将刻上圆形线状密纹,纹路从中心向外盘绕。我可以将密纹刻到能容纳5万个词的程度。也就是说,一张钢盘就能装下一本狄更斯的小说。我现在所不能决定的是究竟将唱纹制到能容纳5万个词的密度好,还是粗得只容200个词好。商人也许不希望让他的生意全陷在留声机里。

在 10 平方英寸大小的钢盘上，可以完整地记录下一本狄更斯的小说，然后成百万张地复制，这实在是不可思议的事。爱迪生解释说："这些唱片，将廉价出售，比如 25 美分一张。这样，老头子累了，老婆子眼花了，就可以坐在桌旁，从唱片里听到第一流的朗读家给他们念整本的小说。"

他告诉《世界报》的记者说，他将在纽约成立发行处，唱片内容不仅包括小说，还有音乐和其他文学作品。

> 你从匣子里抽出一张唱片，把它放在唱机上，它就会为你奏出交响乐。然后，翻到背面，你又可以听到一两章你最喜欢的小说，接下去可能是歌曲，有二重唱，也有四重唱。最后，年轻人还可以随着乐曲跳起华尔兹，大家都可以参加，因为有了唱机，就再不用请人来演奏舞曲了。

这些在当时看来有点异想天开的想法，直到 10 年之后才得以实现。处于这一阶段的留声机，还只是个新奇的罕见物，作为这样一种罕见物，还未曾改进，爱迪生就开始利用它。

1878 年 1 月，爱迪生成立了爱迪生留声机公司，把自己的设计权以 1 万美元现金卖给了这家公司，并规定了优厚的发行酬金。这家公司按地区，将制造好的留声机出让给自己的推销员，于是留声机在全美各地出现，推销员神话般地在公众面前进行表演，吸引了成群的人。他们不仅聚精会神地聆听机器录放他们自己的声音，而且还能听到音乐、外语、牛叫、狗吠等推销员所能录制下的任何声音。

有些场面十分热闹。爱迪生参加了在纽约的一次表演，他雇用当时著名的短号手朱尔斯·莱维吹奏《扬基歌》和其他一些乐曲，录下后播放一遍过后，爱迪生先给听众演示了滚筒在不同转速情况下所发出的音响效果，他变速摇动手柄，唱机把莱维先生的吹奏曲变成了不同音调的演奏，很是令人吃惊。

十分有趣的是，唱机的起始音与其结束音，可以完全不同。它会庄严地正确地唱上几个音符之后，突然变成刺耳的尖叫，远远超过了短号所能达到的高八度。

随之，他又会以不同的速度奏出不同音调的《扬基歌》，中间常常出来一些新的音符，听上去既不像是短号，也不像是其他乐器演奏的。而后，留声机的发明者找人用口哨伴奏，读了《莱茵河上的宾根》这首诗。接下来又是两支歌子和一段讲演。所有这些都在一张唱片之上。对此，爱迪生感到由衷的高兴。

爱迪生在一夜之间就成了"门罗公园的魔术师"和"新泽西的哥伦布"，这种声名的建立与正在发展的娱乐业有关。公众之所以对留声机抱有巨大的兴趣，还有另一方面的原因，即比奇在《科学美国人》杂志上撰文提到的：

"通过这种装置，人死了声音仍可以保留下来。假若爱迪生早出世 30 年左右，现在的人们就能听到内战中将军们的号令，或是林肯在葛底斯堡的演说。"

比奇接下去说：

> 在未来，伟大歌唱家们的歌声，将与刻印它的金属盘共存亡，只要唱片在，他们的歌声就不绝。在法庭上的旁证面前，也将会设置这样一台可以记录证词以便对质的机器；此外，立遗嘱的人，也可以将他的意愿告诉机器，机器将遗嘱录记下，以供日后播放，这样就可以免除人们对他在立嘱时的脑力是否健全产生怀疑。

爱迪生本人对留声机的用途持有不同看法。虽然在其后几年里，他对留声机的研究主要是将它用于娱乐目的，但在爱迪生看来，它更应该是一种帮助进行商业活动的装置。

这个观点，他已在为《北美周报》上撰写的长篇大论中讲得明明白白：

留声机的主要作用是能够免除书信等形式的联系，而代之以口授，在设计时就是这样考虑的。

它可以在同一时间刻蚀两张盘，这样不仅商人能得到一份他的指令的复制本，而且将吩咐录制好寄出，也避免了当面交代的麻烦。

爱迪生还想到将留声机用于教育等方面，其中大多数设想都是在19世纪末开始解决。但是，使我们不得不注意到的事实是，务实的爱迪生把更有效地协助商人工作看成是留声机的最大用途。

留声机作为珍奇的发明在广为传播。为此，爱迪生受到了最高的赞誉，这一发明几乎被描写成了具有神力的东西。但不久就有人称这是一种骗局，是利用人在模仿，在重复，而不是录音。

爱迪生曾于1878年4月18日在查尔斯·巴切勒的陪同下，乘车来到华盛顿。他这是第一次穿着笔挺的西服，因为他要到国家科学院去表演他新发明的机器。他希望能在这里和一些科学家们会晤一下。

当爱迪生与巴切勒下车后，著名的报界记者佩因特就上前来迎接，说著名政治家詹姆斯·布莱恩的侄女盖尔·汉密尔顿小姐邀请爱迪生把他的机器带到她的寓所去，表演给国会议员和外交使节们看。

"这位是有名的参议员罗斯考·康哥林先生。"

"啊！久仰，久仰。"

爱迪生虽然跟他握了手，但因为耳朵不好，并没听清楚他叫什么名字。在这里，爱迪生仍旧放那首"玛丽的小羊"，然后，又唱了一曲小调："从前有个小姑娘，额头上面有卷毛；有时是个好姑娘，有时淘气不得了……"

凑巧得很，在康哥林参议员的秃头上，长了几根卷毛，正是漫画家的好题材。他本人对这几根卷毛也深感烦恼，爱迪生就在那个人的面前，播放这支关于卷毛的小调，大家听了都忍不住地大笑起来。康哥林当然很不高兴，怒气冲冲地走了出去。爱迪生事后知道了这件事，也不禁笑了起来。

不久，白宫来邀请他。起初，约定是表演30分钟，后来总统夫人请了许多客人来，结果延长为3个钟头才结束。

《华盛顿邮报》记者听说爱迪生只有31岁，十分惊讶。爱迪生说："我想我可以活到50岁，我希望自己将来能拿出比这更新奇的东西来震惊世界。"

爱迪生把经他改进的留声机展示给大家看，改进后的留声机上现在没有圆筒和曲柄了。他用时钟的机构来使一个圆盘转动。他断言这种机器能够把音乐会的整个演奏记录下来。那台留声机紧靠于一个圆盒一端的小孔上，另一端有一个像船上通气用的漏斗似的东西突出着。

爱迪生又向大家解释说："你可以从会客室中用特殊材料制成的签名册上取下一页来，把它放在留声机上，摇动机件就会有交响曲发出。在欧洲有一个人已经发明了一架机器，他能借这机器立即把东西拍摄下来。现在且假定他每秒钟拍摄比彻的谈话神态，而我们则用锡箔留声机记录他的说话，那么演说者的姿态和他的声音就能得以重现。听众能耳闻目睹演说者的声音姿势，这样整个戏剧表演也可以搬到私人客厅里来了。"

1879年在巴黎举行的万国博览会展览了爱迪生的留声机。在一天的时间里，就有4万人涌向留声机的陈列室。

爱迪生对自己的发明创造提出了与众不同的要求：经济耐用和操作方便。他知道，他的这台留声机还不太完善，用途也受到局限。

为了弥补这些缺点，爱迪生不断对留声机进行改进。爱迪生对录音的复制问题、留声机圆筒旋转等都进行了改进,到 1888 年末,爱迪生把留声机改进得已经相当完善了。

经过改进的新型留声机在保真方面已远远超过了爱迪生早期的设计,他不失时机地占领了玩具市场。他的顾客包括了维多利亚女王。女王在爱迪生送给古劳德上校的唱机上录下了自己的一段话。其他在留声机里留下祝愿之词的人还有亨利·欧文、《19 世纪》杂志编辑詹姆斯·诺尔顿、福斯桥的建造者约翰·福勒爵士、阿伯丁伯爵等。

为了提高留声机的质量,爱迪生不知花了多少心血。1927 年,爱迪生完成了一种"长时间演奏"的留声机,每张唱片果真能保持 40 分钟之久。

用机械方法进行录音的发明优先权,公认属于爱迪生。他在 1889 年制造出了完善的留声机。所以瑞典科学院颁发给他一枚金质奖章,以资奖励。

爱迪生留声机的发展与他的其他电工技术发明起初并没有任何联系。但把电动机用于留声机系统,就使留声机与电工技术有点结合了。

在爱迪生的一些发明中,留声机是直接包括在电器系统之中,并构成了纯电工技术装置的极为重要的部件。在发明留声机和创造出第一个留声机模型后不久所制造成的电话录音机,就属于这种机器。正如名称所表明的那样,电话录音机乃是电话和留声机的一种组合体。在这一机器中,使膜片发生振动的不是人的声音或其他声音,而是来自送话台而又流经电磁铁绕组的电流的作用。

爱迪生在研究能使人看到运动着的图像装置的最初阶段就利用了留声机的原理。现在,这已成为一个广袤的领域,成为庞大的电影业。爱迪生是电影摇篮的主人,电影摇篮本身就是爱迪生创造的。

爱迪生·创新发明

多次实验发明电灯

  1878年9月,爱迪生在去怀俄明州的归途,访问了在安东尼亚研究弧光灯的华莱士。华莱士很欢迎这位青年发明家的来访,让他详细地看自己研究的结果。

  华莱士在爱迪生面前把他的"远距离发电机"连接起来,点亮了一盏弧光灯。

  华莱士对爱迪生说:"要是这种弧光灯能像煤气灯一样,在家庭里普遍使用,那就很好了。爱迪生先生,你对这点有好主意没有?"

  爱迪生很郑重地答道:"华莱士先生,你对弧光灯研究的成绩,真是了不起。可是,我想你的方向或许有偏差。我相信在电灯的创造上我一定能将你击败。我认为你的工作方向是错误的。"

  爱迪生回到了门罗公园研究所,埋头研究电灯的问题。从1878年9月开始,门罗研究所成了研究电灯的战场。爱迪生是总指挥,有7个经验丰富的人做他的助手。

  全世界的人们都在等待着爱迪生公布电灯发明成功的消息,而他也正在努力地改进。改进后的一种是利用玻璃管中热空气的膨胀作用,这一次比第一次的要完善多了。

  爱迪生采用铂箔制成过一盏电灯,后来又把铂和铱磨成末,和泥土等不导电的物质相混合,试制各种光度的电灯。金属质粒发热时,其氧化物也变成导体而发光了。

  爱迪生对这次研究付出了全部精力。他曾把炭棒和铂杆相对地放着,两者间的电阻非常高,因此便发出白色的光来。他在这灯的下面悬一些重物,这样炭棒就经常地和铂杆保持接触。但这种灯发出的光忽明忽暗，难以应用到现实生活中。

在研究铂丝电灯过程中，爱迪生曾实验给灯丝加上一层由氧化物或其他物质，特别是稀土族和碳的氧化物所制成的膜。

爱迪生经过长时间地潜心研究，用铂丝制成的白炽灯已经成功了，但由于铂的价格太高，不适宜于大范围地普及，不能普及的成果在爱迪生看来就算不上是成功的。

一天晚上，爱迪生留在实验室很晚，他顺手拿一块压缩的烟煤在手中搓着而头脑里还在想着别的什么，不知不觉地把手中的烟煤搓成一根细线。他望着这根细线突然想到，这也许就是电灯的优良材料。

爱迪生又拿起身边的一卷棉纱截下一小段，放在炉中熏了约1个小时，再把它装在玻璃泡里，抽去空气，而后把电流接上。这脆弱的棉线立即发出耀眼的光束，可是炭线经不住高电压的电流，不久就被烧断了。他把这断线放在显微镜下检查，发现经过碳化后的棉线变得异常坚硬，这个意外的发现使爱迪生兴奋起来。

爱迪生又开始热心地研究炭丝制作。研究记录簿上有这样的记载：

1月27日，工作了7个钟头，由于光的亮度太强，造成眼睛疼痛，不得不暂时停止工作。

次日的日志上，有这样的记载：

昨晚22时到凌晨4时，因为眼痛，感到非常痛苦，吃了安眠药后才入睡。

醒来时，眼睛已经好多了，到下午16时就不疼了。今天的光阴白白损失掉，真可惜。

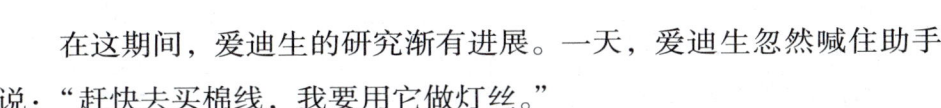

在这期间,爱迪生的研究渐有进展。一天,爱迪生忽然喊住助手说:"赶快去买棉线,我要用它做灯丝。"

助手们听了,都露出没有把握的神色。心想连最坚硬的金属都受不住电流的热,细弱的棉线怎么能用呢?

"因为棉线不含空气,经过碳化后,一定比白金和油烟更能耐热。巴切勒,请你马上准备。"

整个晚上,爱迪生和巴切勒都在研究如何把棉线碳化,那真是一件需要耐性的工作。

他们将弯曲成发针形状的线,放进镍土里,使它固定后,再放进火炉里烘5个钟头,然后,从镍土里取出来使它冷却。

但拿出来一看,线就断了。他们总共花了一个晚上的时间,都没有成功。

第二天,又一直实验到晚上,共用掉了一卷棉线,才好不容易做成碳化棉丝。

"小心!可不要弄坏了。"

巴切勒就像用双手捧着宝贝似的走在前面,爱迪生紧跟在后面。

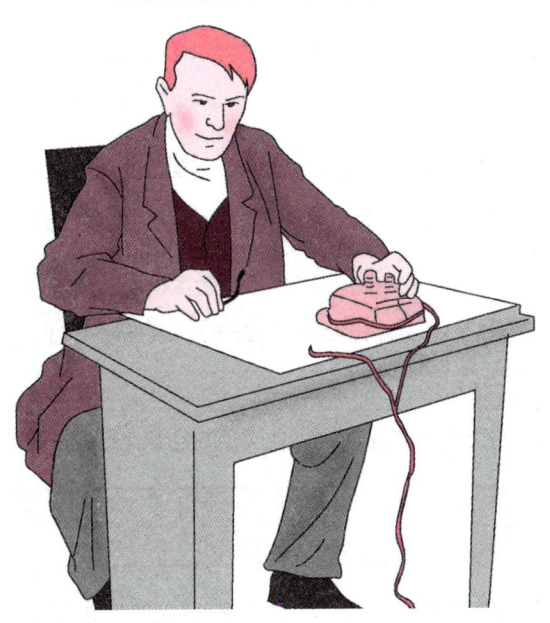

但才走到工作室的桌子旁边,棉线又断了。

"再来试一次。"两人又回到研究所去工作,直到傍晚才做好,但正要接上导线的时候,又坏掉了。

经他们再三努力,终于把碳化棉丝装在灯泡里,并通上了电流。

"啊!亮了!"可是转瞬间,灯泡里面的碳化棉丝就断落了。

他放弃了用棉线的方法，试用木材的细条，接着又用稻草、马尼拉麻绳、马鬃、钓鱼线、麻栗、硬橡皮、藤条、骨纤维，甚至人的胡须和头发等，把它们当作材料来实验，试图发现一种新的适合做灯丝的材料。

爱迪生先后用了近1600种材料进行了实验，但都失败了。

爱迪生决心要发明一种体积小、亮度大、寿命长、可任意开关的电灯。

经过深思熟虑，爱迪生发现灯丝过快地被烧坏可能是灯泡中留有过多的氧气所致。

于是，一天傍晚，在爱迪生和助手们成功地把碳化棉丝装进灯泡中之后，德国籍玻璃专家按照爱迪生的吩咐，将灯泡里的空气抽到只剩下一个气压的百分之一后封上了口。这为爱迪生提供了一个高度真空的条件。

当电流接通后，灯丝在真空状态下发出了金色的亮光！并且持续了45小时之后才被烧断。

这正是他们日夜盼望的情景。这一天也被历史永久地记载了下来：1879年10月21日。

1879年圣诞节前夕，研究工作基本告终：爱迪生的实验室、办公室、住所，还有几所住宅，都用上了电灯。在门罗公园所在地的四周，安装了大约20盏电灯。

这是世界上第一个白炽灯电照明设备，这个设备是从他那装有发电机的自备发电站获得能量的。

白炽灯的生产，当时只是在门罗公园实验室和工厂里进行，这就限制了大规模地进行照明演示，但是已经可以展出的那些东西，对于未来电照明的发展来说，是极其有益的和极其重要的。

爱迪生必须克服用以制造白炽灯用的易熔玻璃制造工艺方面的许

多困难。灯泡被焊补住了,而且在整个使用期限内应保持高度真空。把灯丝两端连接到穿过玻璃而引入的电极上的问题也不是一件简单的事。

在爱迪生的众多研究项目中,改进灯泡是主要的研究内容。他对白炽灯不断地进行改进,大约持续了 10 年。

为了延长灯泡的寿命,提高灯光的质量,爱迪生想尽一切办法寻找适合制成灯丝的材料。到 1880 年 5 月初,爱迪生拿起记事簿算了算,他实验过的植物纤维材料共约 6000 种。虽然灯泡试制成功了,但他总觉得灯丝结构还不尽如人意,发出的亮光也不能令人满意。

有一天,由于连日的实验,爱迪生感到很疲倦,便回到自己的房间去休息,时间已经是清晨 4 时了。

"9 点请帮我准备早饭。"他向佣人交代后,一躺下很快就睡着了。

过了一会,助手巴切勒也来吃早饭。他看到爱迪生躺在椅子上睡得正香甜,脸上立刻露出一抹诡异的笑容,心里不知道在打什么主意,来开爱迪生的玩笑呢。

巴切勒吃完饭,坐在椅子上休息。这时,时针正好指着 9 时,佣人便进来喊爱迪生。

但爱迪生翻了个身又睡着了,佣人便用力摇晃着爱迪生的身子。

"哎呀!请你轻一点好不好?内脏都要给摇晃出来啦!"

他一边说着笑话,一边起身坐在椅子上。趁着佣人去拿饭菜的几分钟,他又坐着打起瞌睡来了。

巴切勒就利用这个机会,很快地将自己吃过的碗盘,摆在爱迪生面前。

爱迪生醒过来,看到面前的空碗和盘子,心里想着:"原来我已经吃完饭了!"

他便像往常一样,点上一支雪茄,深深地吸了一口,心满意足地回实验室去。

当时，有人这样形容爱迪生：

> 假如，要在干草堆里找出一根针，他绝不以搜索这附近为满足；他会像蜜蜂那样勤勉地、在干草堆中一根一根寻找，非达到目的，绝不停止。

1880年的一天，爱迪生工作得累了，坐在研究所的大桌子前面休息。他无意中拿起桌子上放着的棕榈叶扇子，在手里摆弄。忽然，一个闪电般的念头掠过爱迪生的脑海。

他一下子拔下竹扇柄，大喊巴切勒。巴切勒来了，他便说道："请你把这根竹棍子剖得细细的，马上碳化看看。"

实验的结果出乎意料的成功，比过去所实验过的一切物质成绩都要好，用显微镜实验的情形也很良好。

他立即命令部属摩亚，前往中国和日本寻找竹子。摩亚一到日本，便直入农村。一年竹、二年竹、三年竹，各种竹子都被拿来做实验，几百根的样品，被送到爱迪生研究所里。

爱迪生对于竹子做灯丝仍不能满意，于是他又发明了一种化学纤维代替竹灯丝，又把灯泡质量提高了一步。

以后，实验工作重新转向金属方面，最后才改用钨丝做灯丝。从此电发光的效率，比以前提高3倍，使用范围也空前扩大，逐渐遍及全世界。

服务用户不辞劳苦

1880年10月1日，世界上第一座生产白炽灯的工厂在门罗公园诞生了。由于人们对白炽灯的需求正迅速增长，爱迪生也不得不考虑把工厂迁往其他地区，并扩大生产规模。

1881年，爱迪生在新泽西州哈里森城的"爱迪生灯泡厂"开工了。主要生产的类型是16支烛光的灯泡，也小量生产8支烛光的灯泡，而光度超过16支烛光甚至达到150支烛光的灯泡也有少量生产。

哈里森工厂里的灯泡生产技术最初是相当原始的，主要工序都是很繁重的手工操作，所以灯泡的生产量比较小。在最初的几年里，灯泡只卖给中心发电站或自备发电站，再由它们供应给用户。

为广泛普及白炽灯，应当实行使广大用户买得起灯泡和对灯泡生产者也有利可图的价格政策。爱迪生以特有的商业眼光断定，灯泡生产规模的扩大和工艺的改进，一定会导致成本的迅速降低。

爱迪生拟定了一个争夺用户的计划。他是这样打算的，灯泡的售价开始要低于成本，而且这个价格要多年不变，以后随着工艺的改进，成本就该大大地降低，这时仍以最初价格出售，生产就有了利润，而这些利润会抵偿以前的亏损。

爱迪生事实上正是这样做的：他开始规定每只灯泡售价40美分。按这个价格，每卖出一只灯泡就要亏损70美分。第一年卖出2万多只灯泡。第二年每只成本降低到70美分，而出售价格没有发生变动，但生产规模扩大了，所以爱迪生公司出售灯泡的年亏损数量甚至比上年还多。在第三年，许多手工工序被机器所代替，工艺得到了改进，这就使成本降低到50美分。但制造和出售的灯泡的数量迅速增多，爱迪生公司的年亏损量又增加了。

但是，到了电灯工厂开工的第四年，每只灯泡的成本降到37美分。在出售价格仍为40美分的情况下，爱迪生公司在一年内的收入完全弥补了头三年的亏损。而且在第五年成本降到22美分，而灯泡的年产量超过100万只。在出售价格仍为以前的40美分的情况下，爱迪生公司就能从出售灯泡中获得一年比一年多的利润。

在电灯泡生产发展的同时，爱迪生的思想开始在欧洲得到传播。在还没有弄清楚爱迪生灯泡及其照明系统的本质和优点以前，许多欧洲电工学家都对他的研究工作持怀疑态度。

在1881年的博览会上，爱迪生非常成功地演示了自己的灯泡。成立电站的建议在欧洲开始发展起来。

爱迪生在1881年博览会之后，马上建议柏林的西门子—哈尔斯克公司向他购买许可证，以便按照专利特许证生产灯泡。西门子谢绝了，因为它认为，利用别人的专利特许证是很不相宜的。另一个主要的原因是西门子认为，白炽灯的令人向往是一种暂时现象，在照明技术中返回到弧光灯是势在必然。

1882年，爱迪生在巴黎附近的伊夫里开办了一座制造电机、照明器材和白炽灯的电机厂，灯泡的日产量最初为500只。

因为西门子拒绝购买爱迪生的白炽灯专利特许证，爱迪生就把在整个西欧使用白炽灯的权利转让给了"巴黎爱迪生欧洲大陆公司"。埃米利·拉捷瑙从该公司买了在德国使用爱迪生专利特许证的权利，并在1883年组织了"德国爱迪生通用电气公司"。

在灯泡生产占有较为显著地位的其他国家，有奥匈帝国、意大利和荷兰。欧洲的产品就其质量来说，长期以来比美国的差。因此，有几家商行要使产品标准化，并就工艺达成了协议。这是朝着建立国际电灯辛迪加"太阳神"迈出了第一步，这个辛迪加一直存在到1941年，总理事会设在日内瓦。

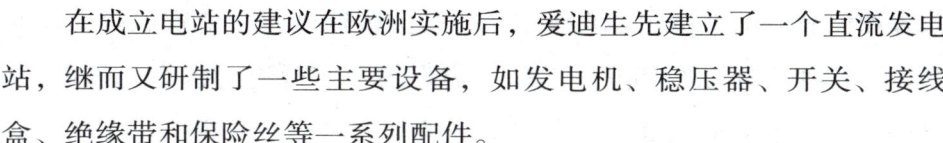

在成立电站的建议在欧洲实施后，爱迪生先建立了一个直流发电站，继而又研制了一些主要设备，如发电机、稳压器、开关、接线盒、绝缘带和保险丝等一系列配件。

爱迪生明白，要使电灯照明系统真正投入使用，必须有一套与之相配套的发电系统。为了设计完成这套供电系统，他付出了比研究电灯更多的精力与才智。

1879年夏天，爱迪生开始改进发电机。首先，为了获得强大的磁力，他开始研究发电机缠绕电圈的方法。他测试了电流的大小和磁力的强度后发现，即使加入超出某一程度的电流，磁力也只能达到某一限度，并不会再增加，这种现象被称为饱和。发现了这种现象后，就可对电流加以控制而使其不至于流到外面去。

爱迪生就这样详细调查了发电机的每个部分，并且做各种研究和实验，结果成功地设计出比原来功率更大的发电机。第一台爱迪生式的发电机是由克鲁制造完成的，经试用效果良好。

第一次试机之后，爱迪生亲自宣布，该机的发电率为90%。许多专家都对此表示怀疑。事实上，该机的电能转换率为80%，即便如此，这也算得上是惊人的成就了，因为它意味着爱迪生现在将发电机功率提高了一倍以上，并且这种发电方式一直沿用至今。

1880年12月17日，爱迪生成立了纽约爱迪生电力照明公司，地址在珍珠街255号至275号，同时还包括珍珠街附近地区，即华尔街金融区的很大一部分。

爱迪生之所以把厂址选在珍珠街，是因为在他看来，只要电灯在这里取得成功，就可立刻把华尔街的那些人争取过来，而有了这些人的支持，电灯照明就能普及全国。为了避免市政官员和提供资金的银行家们的反对，爱迪生决定不采用架空电线的办法，而不怕多花钱把电线埋在地下。

珍珠街电站供电的第二天，爱迪生走访了用户，询问电灯系统的效果如何。其中一位顾客叫科尔布，爱迪生问他是否喜欢电灯，他回答说，这种新灯什么都好，就是不能点雪茄。爱迪生什么也没说。3天后，爱迪生又来到这位用户家里，送给用户一只电动打火机。

珍珠街电站是爱迪生为发展纽约市一个区的电照明而建立的第一座公用电站，它的投入使用是电工学史上一个非常重要的时刻。这个电站成了研究和改进爱迪生照明系统的学校和实验室。

爱迪生在珍珠街电站投入使用之后，就组织计算送向个体用户的用电量。为此就需要设计一个计数器。爱迪生所发明的计数器，是根据电解原理制造成的。爱迪生最初的一批计数器，是用于计算装有不超过25盏电灯的设备上所用的电能的。这是电能计数器的主要类型。

爱迪生的电表受到人们的极大怀疑。公众想象不出，这种小匣子如何能准确地计算出电能的消耗量呢。后来由于报纸报道了一件人所共知的事件，才使人们对计数器的看法发生了转变。有名的美国资本家万杰尔比利特，他的私宅里安装了电照明。照明费计算是根据所安装的电灯数量，而不是根据电能的实际消耗征收。

万杰尔比利特有一次遇见爱迪生，他对爱迪生说，按所安装的电灯数量收费是不公平的，因为任何人都无法计算出多少时间和多少盏电灯处于通电状态。爱迪生同意这一点，并说要在万杰尔比利特那里安装一个能计算多少盏电灯点了多长时间的装置。他这里指的装置就是他所发明的计数器。

"这是不可能的！"万杰尔比利特说。

当时，爱迪生就建议他把灯的数量和点的时间准确地记录下来，而爱迪生亲自在万杰尔比利特的私宅的电线引入端安装了电表。爱迪生打赌说，记录和测量的结果是会相符的。实验结果证明了爱迪生是正确的。这次打赌使爱迪生的计数器博得了大家的信任。

研制首辆电气机车

1878年,爱迪生在参加到怀俄明州去进行观察的天文考察队时看到,庄稼人用兽力车把粮食运到铁路边,再转装到火车上。这样不仅运费高,而且劳动也很复杂,需要有大量的畜力运输,需要更换马匹和马匹休息的中间站,还需要饲料仓库和大批的服务人员。

于是,爱迪生产生了一种想法,并对这一想法进行了深入研究。

爱迪生的这个想法是:修建一条通到铁路干线的电气化货运电车道。爱迪生认为,这样的货运电车可以不用电车司机,而由沿线各站自动操纵。在这种情况下,经营费用将降到最低。为了着手实现这一预计颇有经济效益的想法,爱迪生决定进行实验。

门罗公园的实验性的电气化铁路,在1880年一年中和1881年的部分时间里运行了。铁路公司对此很感兴趣。美国卓越的铁路业活动家维拉德尔,在1881年9月14日与爱迪生签订了协定。

有一天,北太平洋公司总裁亨利·皮奈特来到门罗研究所,对爱迪生说:"你也知道,使用蒸汽车头的火车到了山区进入隧道,煤烟呛人,司机和乘客都不舒服,尤其夏天开着窗子,进来的煤烟更大。跑山区能不能不用蒸汽机车头,改用电力车头。"

爱迪生回答:"其实,早就有人在考虑这个问题了。"他告诉皮奈特总裁,当他还在美国大干线铁路卖报时,在底特律图书馆曾读过一本书,书上就写着1837年曾有一个英国人潜心研究过利用电池行驶的电车。1830年,美国也有人想制造蓄电池电车。1879年,德国西门子公司在柏林交易会上展出了一种非车载电池的五节列车,这辆机车曾载了30位乘客,创下时速为40公里的纪录。机车是由一台三马力电机驱动的,这是第一台用发电机来代替电池车辆的机车。

"那么,德国的火车已经换用电车了吗?"皮奈特问道。

"不,还没有进步到那个程度,我想自己来发明和他们不相同的电车。"爱迪生很自信地说,"我因为电灯的需要而制作了大马力发电机,现在只要把那个改为电气马达就行,我早已拟定了改造方案。"

爱迪生的设想引起了皮奈特的极大兴趣,他问爱迪生这项发明需要多长时间。

爱迪生回答说:"只要半年就够了,不过这还需要一大笔研究经费。"

皮奈特爽快地答应为爱迪生提供研究经费,但商定如果实验成功,就让北太平洋公司使用。

5月的一天,美国的第一辆电气机车准备要试车了,研究所的人员全部停止工作,嘻嘻哈哈地搭上了电车。但等他们全都搭上去,机器就坏了。不过,很快又修好了,车子再度顺利地开出。

"好哇!"这话还没有说完,电车又出轨了。幸好没有人受伤。研究所的人员都知道,新发明的东西,出事是免不了的,所以他们也就说说笑笑,拍掉身上的灰尘,回到研究所去了。

到了6月,这部可爱的电车便发出轻快的声音,在短短的铁轨上疾驶。

爱迪生似乎很喜欢让客人坐在这个尚未完成的电车上。一次,罗利博士来拜访他的时候,爱迪生请他坐上这部电车,罗利博士忐忑不安地问他:"真的没有问题吗?"

"没有问题,这部车子的引擎性能很好。"

但是,在大转弯的地方电车却出轨了,驾驶人克留吉被抛了出去,头撞到地上,另外一个人也被抛到草地上。

这时候,爱迪生很机警地跳了下来,笑着说:"哈,哈!这是了不起的事故,很好玩吧?"

爱迪生喜欢恶作剧的个性还是没变。经过了几次失败,爱迪生的电车终于一天天接近成功了。

维拉德尔对爱迪生说:"爱迪生先生,你好好地干下去吧!西部的农民们,得走100多公里的路,才能走到火车站。想要铺设铁路却又不合算。你的电车要是完成了,那些没有开发的荒地,就可以渐渐地开发了。"维拉德尔慷慨地拿钱给爱迪生架设更长的电车轨道,委托他做进一步的实验。

爱迪生很高兴,立刻把铁轨延长到8.8公里,并装上了开闭器和其他的设备。后来,他又利用第三轨条的方式,设计一种电气机车,在研究所里面实验。

爱迪生的这一方法,若干年后才由纽约中央公司采用,对于以后大都市的地下铁路发展,有很大的贡献。

错误常常是正确的先导。那次试车脱轨事故,对爱迪生来说,倒成了很好的研究资料。使他想到了车子一旦危急,就可以使用相反的电流,产生反作用力以阻止车子向前冲,于是,电气制动器诞生了。

成功研制电影设备

成功发明电灯后，爱迪生又带领他的科研团队开始了关于电影摄像机的研究。

爱迪生的公司于1889年开始拍摄电影，一直到1915年才结束。自从爱迪生在1888年产生了制造一台电影机器的想法后，他的大部分精力就转向了这里。

据爱迪生自己说，在他知道了戈尔诺尔于1833年所发明的活动画片玩具后，他就产生了制造电影机的想法。

爱迪生曾经认真地研究过戈尔诺尔的这个装置：它是由一个圆筒组成，圆筒壁上刻有许多条与轴相平行的缝隙。圆筒内，缝隙的下面有一条纸带，纸带上绘有某一动作的连续图像。如果使圆筒往一个方向疾转，从缝隙里看对面绘有图像的纸带，看到的仿佛是运动的图像。这一装置是根据人的眼睛的视觉惯性对运动所造成的错觉制造的。

法国的埃·日·默里和美国的埃·缪伊布里茨，都做了使人产生图形在运动的印象的实验，这是很有意思的。缪伊布里茨沿着跑马场的跑道排列上几架照相机，于是就拍出了马奔驰的一系列连续性照片。

照相机快门是用电线连接在铺放在跑道上的木板上，跑来的马匹一踏上了木板，就把照相机快门打开了。当用具有相应的和均匀的移动速度的装置，把这一连串12张和更多的连续性照片投影到屏幕上时，屏幕上就出现了马奔驰的图像。

爱迪生了解到，1886年，缪伊布里茨拍摄了许多走动的马、狗、

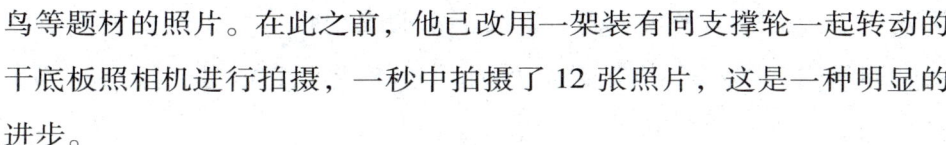

鸟等题材的照片。在此之前，他已改用一架装有同支撑轮一起转动的干底板照相机进行拍摄，一秒中拍摄了12张照片，这是一种明显的进步。

爱迪生对缪伊布里茨的这些实验很感兴趣，虽然实验结果还不太完善，但爱迪生注意到一点：一定可以利用视觉的惯性现象来获得活动物体的图像。

爱迪生的助手乌·迪克逊是一个摄影爱好者，所以爱迪生就委托他设计出一架拍摄活动目标的照相机。爱迪生对他作了具体指导。

当时各种照相机差别不大，但仍可以挑选到最适合于这一目的的类型。助手迪克逊挑选了这一类型的照相机。1888年初，他拍摄了许多活动目标的照片，而且每一个画面的尺寸都不超过1.6毫米×1.6毫米。拍摄出来的这些画面是这样的：其总和应构成所拍摄物体的动作的一个完整过程。

爱迪生的助手提出了一个新的任务：用快速拍照法来进行连续拍摄，这样就可以获得大量图像并通过利用视觉惯性现象的装置来观看这些图像。

虽然其他方面的工作极其繁重，但爱迪生还是积极地亲自着手研究这一问题。经过几个月的研究之后，爱迪生于1888年10月8日向专利局提出了这一初步装置的专利申请。他在申请书中对这一装置的作用作了如下叙述：

> 我正在实验一种机器，这种机器可以为眼睛制作像留声机为耳朵做的事情；这种机器能拍摄活动物体并放映出来，而且其形式也是既经济和实用而又方便。我把这种机器叫作活动电影放映机，即激动景物机。

爱迪生所运用的制作方法是把有连续性的一系列的图像，快速拍摄到位于圆筒或扁平盘上的呈连续不断的螺线状带上。这一过程与他所发明的用留声机进行录音的方法相似。值得注意的是，圆筒的转动是断续的，当圆筒不动时再进行拍摄。

圆筒表面应有一层感光层，圆筒的转动和停止都应与照相机快门的启闭同步，而且应当是自动的。在用固定不动的照相机的情况下，无论要使圆筒转动，还是要使圆筒作纵向位移，都要使用电动机操作，而不能用手操作。

爱迪生在对这些器械继续进行实验中得出的结论是：

采用如留声机那种能连续转动，而又能作连续纵向位移的圆筒是更加正确的；拍摄本身就应当是断续的，并且使用与人的眼睛的视觉惯性因素相一致的速度拍摄。

1891年5月20日，爱迪生的第一台活动电影视镜开始向公众展示了。展示地点是新泽西州西奥伦治的爱迪生实验室。

这种改装型的机器，在内部装了一台电动机，可使50英尺长的胶卷从供人们观看的放大镜下通过。

同年，爱迪生在美国又申请了活动电影放映机专利。但由于他没有在其他国家提出这一专利申请，以后出现了一些意想不到的后果。

虽然这台装置可容下50英尺长的胶片，可在当时所能生产的胶片没有这么长，因为第一台摄像机一次只能用几厘米长的胶片。

为了实现自己的目标，爱迪生需要寻找一个令他满意的长条胶片。经过不断地寻找，他在柯达公司的创始人、被尊为"摄影王"的乔治·伊斯门那里找到了他所需要的长条胶片。

伊斯门当时已经开始出售赛璐珞做的底片了，用这种底片来代替感光板，被命名为"伊斯门底片"。这一产品正合爱迪生的口味。

于是，爱迪生心中充满欢喜。他立刻找到了伊斯门，并与他商谈合作事宜。

双方共同研究了底片的构造与大小，而后便通过二人的共同努力，制造出更加方便使用的胶片。

一直困扰着爱迪生的长胶片问题终于在伊斯门的帮助下解决了。

每幅影像起初只有半英寸大，后来爱迪生觉得太小，就把尺寸改为一英寸半大小，中间画图占据1英寸的地方，边上多余的地方留着穿打小孔，套在一种小轮的齿上，可以避免其滑脱。

每当放映时，快门便迅速地打开。这时外边影像的光线便直接照射在感光胶片上，接着胶片又被急速地向前拉过一段；以这样的进度连续地进行着，每秒钟就可以拍摄出46个影像来。

1893年，爱迪生建成了第一座电影摄影棚，即助手们称之为"黑马利亚"的电影制片厂。电影制片厂的四壁都涂上了黑颜色，因为当时人们错误地认为，在拍摄时必须消除其他光源的影响。

该电影制片厂从1893年到1894年，曾以女舞蹈家、技巧运动家、杂技演员和驯化动物等为题材拍制成影片。

1894年，根据爱迪生的发明，美国成立了一个在商业方面进行研究的"活动电影放映公司"，并于1894年4月14日在纽约百老汇的大街开幕。接着，各地也都先后建立了"活动电影沙龙"。所有这些活动的电影机，都装有硬币自动投放装置。

爱迪生想，为使影片的内容多样化，也不应只限于看半分钟影片。1894年夏季，"黑马利亚"电影制片厂拍摄了拳术家利奥纳尔德和库申格的影片，就使用了长达350多米的胶片。

影片一共分成4个部分来放映，每一部分都可以由单独的活动电影放映机来放映。

百老汇大街的活动电影放映机馆门前人山人海，主办人不得不请来警察维持秩序。这个影片的放映极大地促使了活动电影放映机的普及，进而更加赢得了广大群众的喜爱。

1896 年，爱迪生开始筹办一个配有银幕和阿尔马特放映机的影剧院。银幕的尺寸是 7 米长、4 米宽。

爱迪生第一次给报社记者放映电影是在 1896 年的早春。从 4 月 23 日开始，就开始在先驱广场的音乐厅里公演。

当时有个叫托马斯·阿尔瓦马特的美国人，制造了一个大型的早期电影放映机"维太放映机"。从此，爱迪生和阿尔瓦马特的共同研究工作走上了轨道。

爱迪生在纽约的布朗克斯建设了一个大型电影制片厂，在此后的几年时间里，他已经成为美国最大的电影和电影设备生产者。

1907 年以后，美国成立了一个"电影专利有限公司"。该有限公司承认爱迪生的所有专利权，并加以使用。

1912 年 2 月 7 日，爱迪生在纽约放映了有留声机配音的有声电影。经过改进的留声机有一个用琥珀油制成的圆筒，它出色地给由莎士比亚的悲剧《尤里乌斯·恺撒》改编的电影片段配了音。

"会说话的"影片持续时间不超过 8 分钟。所以这种有声电影的放映在持续不少于一个小时的一场放映时间内只能是一个插入节目。

爱迪生费了很大力气来专门研究电影，因为他一开始就认识到电影在文化和社会生活中一定会具有巨大意义。

爱迪生后来说：

"用不了 20 年，我们就可以用电影，而不是用书本来给儿童讲课。"

他不主张完全或部分取消课本和学校的教学形式，但他深信，引人入胜的直观电影教学会使学生更好地掌握知识。

爱迪生还适时地生产了一些小型放映机。因为美国有相当一部分人有时间又有钱，他们希望能在家里看电影。爱迪生为了降低影片的价格，拷贝是用小画面做的。他在 1912 年生产的一些影片，是标准的 35 毫米宽。

同年，爱迪生成功地创造出有声活动电影，把留声机和活动电影合二为一。

在研究过程中，爱迪生感到最困难的是收取远处的细微声音，这就要求收音器必须要特别灵敏，结果他又造出了采音器，凡距离40英尺以内的大小音波，都能收取。

这台灵敏的采音器，连在高速照相器外面，就成为一架有声活动电影制片机。在制片时，演员一开始表演谈话唱歌，摄制人即摇动器柄，影像和声音，就可以同时制作完成。

电影放映时，电影机和幕前的留声机通过电线相连，放映人员就可以操纵那幕前的留声机。同时打开声音和动作，二者配合得天衣无缝。

爱迪生对于电影摄像机、放映机的研究、制造和完善，又一次走上了技术上的成熟。

灾后重建影片实验室

　　1914年12月9日晚，影片实验室突然起火，还有各种化学药品作为助燃剂，火势越烧越大。当爱迪生驱车赶到时，这里已是一片火海。

　　爱迪生赶忙指挥人们救火，不时从衣兜里掏出小本子记点什么。大家都觉得有点奇怪，以为这场突如其来的大火刺激了爱迪生健康的神经。后来才知道，爱迪生正在画着再建胶片车间的方案草图。几个小时后大火扑灭了，而爱迪生的重建蓝图也已经完成了，并在第二天投入重建工作。

　　爱迪生在这场突如其来的大火面前同样表现得十分乐观，他一边指挥消防队员灭火，一边在本子上记着重建计划，嘴里边一个劲地喊："喂，小伙子，快去喊你妈来，这么大的烟火千载难逢，以后可没有这样的机会看这么大的火了。"

　　谁也没有想到，第二天爱迪生不但开始动工建造新车间，而且又开始他的另一项发明，即便携式探照灯。因为在灭火过程中，爱迪生看到消防队员在黑暗中举步维艰。

　　爱迪生在这场火灾中蒙受了重大损失，损失大约有三四百万美元。厂房和机器的投资，尤其是他制造的一些机器并没有被人们购买，都在大火中化为灰烬。

　　米娜难过得几乎要哭出来，她伤心地说："多少年的心血，被一场大火烧了个精光。如今年老力衰，要重修这座实验室，可不容易啊。"

　　爱迪生反倒安慰她说："不要紧，别看我已经67岁了，可是我并

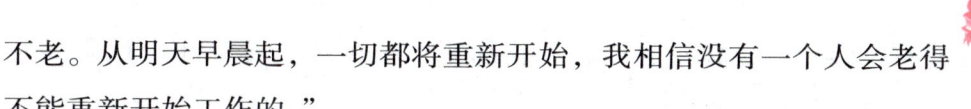

不老。从明天早晨起，一切都将重新开始，我相信没有一个人会老得不能重新开始工作的。"

爱迪生在第二天便投入了实验和研究工作中，他就像根本没有经历这场灾难似的，重整旗鼓，比以往更加勤奋，他又在有声电影的研究道路上大踏步地前进了。一场大火对他没有造成多大的影响。

在无声电影发展和完善的同时，人们从没忘记爱迪生设想的"会说话的电影"。

1927年10月23日，华纳兄弟电影公司才第一次成功拍摄了有背景声音、对白、音乐和歌唱的有声电影《爵士歌手》。这是电影第一次开口向观众讲话，它宣布了无声片时代的结束，为电影有声时代拉开了序幕。

在美国电影发展史的初期，爱迪生在这一领域占有相当重要的位置，这并不完全是因为他早期的发明或他的机器质量，而是因为他通过一系列法律活动，使他的摄影机和放映机在美国取得了专利保护。

为了独占电影的发明权，爱迪生在1897年宣布了一个"专利权的战争"。他聘请了许多律师为他工作，那些竞争者一个接一个消失了。由于只有爱迪生公司摄制的一些故事片和比活格拉夫公司摄制的色情短片，电影市场近乎被垄断，所以这些影片的质量非常糟糕。

随时窥伺商机的商人们发现，经营电影能够很快发财致富，不少人就想努力成为电影制造商，但是能够垄断这个行业的只有3家美国公司。

其中爱迪生影片公司和比活格拉夫影片公司，从电影产生时期就已从事这个行业，维太格拉夫影片公司则是在1889年才踏进这个圈子的。而它的两个创办人布莱克顿和史密斯早在1896年就合作经营影戏业。

到了20世纪初，投影电影受到公众的热烈欢迎。在美国大多数城市都建起了小型电影院。在一些大剧院，歌舞杂耍表演结束后也要放映电影。观众总希望能看到新的影片，市场需要不断增加影片数量，需要不断地拍摄新影片。

爱迪生长期垄断着美国影片的生产，他曾大量复制欧洲竞争者的一些作品。但是版权法开始禁止这种行为，这使爱迪生不得不在影片制作的数量和质量上下功夫。新闻片摄影师埃德温·波特被爱迪生聘为他的摄影场的导演。

在爱迪生的发明之后，电影机的所有组成部分，在1896年以前都被发明出来了。奥久斯特兄弟和路易·柳米耶尔在电工设计家卡尔潘季耶的直接参与下，制造了第一台在技术上令人满意的电影摄影机。虽然柳米耶尔等人的劳动具有巨大的意义，但他们并不是唯一的电影机发明家。

电影机就是那种有充分根据可以称之为国际间共同努力的综合发明之一。

爱迪生不是电影机的发明家，但他却以其对原始活动电影放映机的卓有成效的研究，使人们对这一新事业更加感兴趣，并促进了这一方面的研究工作的发展。而这一研究工作，最终也就导致制造出了广泛用于文化、科学和技术领域中的放映活动物体图像的机器。

开发研制新型蓄电池

在爱迪生 70 多年的发明创造生涯中，最耗时和耗财的当属电池的发明，研究电池用去了他 10 年时光，耗资 3000 万美元，实验次数达 5 万次之多。

19 世纪末，工业已普遍使用电力，电力的普遍使用使美国产生了许多新兴的重要工业。许多大城市建筑了大型发电厂，供给工业、电信事业、电车和电灯照明所需的电力。电力的广泛应用，带动了美国工农业生产的迅速发展，并很快超过了英国。

用电需要有电源。当时电力来源主要靠两方面：一是发电机，它具有取之不尽和用之不竭的电力，可是发电机不便于携带，成为它美中不足之处；二是蓄电池，比起发电机来，它小巧玲珑，更轻便，但是它只能供短时间使用。

因此，爱迪生决心试制一种新型蓄电池。他希望这种蓄电池体积小，便于装在旅行袋里携带；重量轻，一只手便可举起；成本低，每个人都买得起；电力强，能长时间持续供电。

爱迪生首先进行了解和掌握相关的资料。早在 1854 年，德国军医威廉·伊奥泽夫·津斯捷坚观察到了一种与电池所常见的电极极化不同的极化现象。这种现象是在电流通过浸入在稀硫酸中的铅电极时，正电极就覆盖上了二氧化铅，然而负极却没有发生任何变化。

如果把这种电池进行短时间闭合，使别的电流不再经过这一电池，那么这一电池就产生出比通常那种极化电流强度更大的电流。而这一电流在二氧化物未耗尽前，总是不断地出现。津斯捷坚从这些观察中没有作出任何具体结论。

5年以后，即在1859年，法国工程师加斯通·普兰捷没有受津斯捷坚的影响，观察了电流极化的这种特殊形式，制造出了一种铅蓄电池，这就为蓄电池技术奠定了基础。普兰捷蓄电池是预先多充电和放电，以便使蓄电池中的铅板表面能有更多的细孔来改进蓄电池的作用和增加蓄电池的蓄电量。

19世纪80年代，蓄电池的应用范围已开始扩大，所以许多人专门研究改进蓄电池，俄国专家们在这方面作出了巨大贡献。1881年，季·亚·拉钦诺夫教授提出了通过加热碱里的铅提取覆盖在蓄电池极板上的活性物质的方法。结果提炼出了与金属铅混合在一起并固着在蓄电池铅板上的粉状二氧化铅。

1881年到1883年，在耶·帕·特韦里季诺夫的指导下，喀琅施塔得布雷军官学校曾制造出了一种新奇的铅蓄电池，这种蓄电池在国外引起许多人仿制。就在这时，巴·尼·别那尔多斯制造出了适用于需要产生剧烈冲击电流的电焊工作的专门蓄电池组。巴·尼·亚布罗齐柯夫提出了某些关于改变蓄电池结构的合理化建议。1882年，卡米尔·福尔改进了普兰捷蓄电池，专门把负极板涂上一层铅丹，这就加速了负极板的定型和铅蓄电池的性能改进。

此时，直流电的拥护者和交流电的拥护者之间，发生了激烈的斗争。直流电已得到了很好的研究，已有了把直流电用于照明的经验，直流发电机使用性能也很好。但远距离输送直流电实际上在当时是不可能的，因为不能用变压的方法提高直流电压，而对于远距离输送电能来说，输送高压电流是适宜的，而在经济上也是合算的。所以，研制出了高压直流发电机，它能发出适用于电力输送的电流，同时，也可以把几台发电机串联起来获得高压直流电。用这种方法，可以把高压直流电作远距离电能输送。但仍存在一个问题，在线路另一端的用户在用电时十分复杂，因为直流电不能变压，降低电压是不可能的。

蓄电技术可以用来解决这个问题。可以利用远距离输往消费地区

的高压直流电为大型蓄电池组充电。这些蓄电站要根据用户数量及其对电能的需求量来按地域布局，而用户就从蓄电站那里获得所需电压的电流。

由于蓄电站能够扩大由中心发电站所生产的直流电的供电地区，这就巩固了直流电拥护者的阵脚。因此在19世纪80年代前几年，各方面对蓄电池的需求量猛增。

1885年，单相交流电技术获得了重大成果，制造出了工业用单相交流电变压器，并发明了单相变压器并联法。这就能用升压变压器和降压变压器进行远距离输电，方法特别简单。于是交流电拥护者又占了上风。在19世纪80年代后几年，利用蓄电站来输送直流电的建设规模缩小了，交流电的输送却发展得很快。

因此，爱迪生对以前的蓄电技术问题的研究，是在蓄电池在供电中的作用已经缩小到几乎等于零的时候开始的。爱迪生对这一问题感兴趣，不是为了解决电能的生产和分配问题，而是为了解决运输问题，是为了解决使交通工具电气化而采用蓄电池的合理性问题。

爱迪生掌握了这些第一手资料后，他的研究便进入实质性操作阶段。

耗时十年制成新电池

1900年初,爱迪生开始着手研制蓄电池。

许多资料证明,爱迪生在1900年"除了蓄电池之外,他的眼睛什么也看不见"。他这时的敬业精神,同事中没有谁比得上:累了不管什么地方躺下就睡;醒了,不管是白天或黑夜,立即开始工作。

爱迪生后来曾这样说:"留声机的发明,可以借精巧显微镜的帮助,用我们的眼睛和耳朵去研究。可是,蓄电池却看不见,也听不到,只有用我们的心去观察,所以困难就在这里。现在,市面上的蓄电池,还有许多严重的缺点。原先认为可以用铅和硫酸来做蓄电池,这种想法根本就是错误的。"

爱迪生下了这样的判断,可是这使他的发明更困难。他不得不抛弃过去的所有理论和经验,独立去开拓前人未踏过的境地。爱迪生很早以前就研究过铅蓄电池,而且总觉得铅蓄电池不完善。

虽然爱迪生认为自己基本上已是化学专家,有许多这方面的知识和经验,但他为了完成新任务,还是毅然增加了实验室里的专家编制。

当时电工技术是由阿·肯内利同助手和实验员们致力研究的。爱迪生便吸收约翰·艾尔斯沃思来深入研究化学技术问题,有十几名化学专家归约翰·艾尔斯沃思领导。爱迪生给这一研究工作拨了巨款。

爱迪生详细研究了碱性溶液这种电解物,结果证明含有杂质的碎铁最适合于做负极。选择做正极的材料更加复杂,必须一点一滴地摸索着进行。正极是用细孔中充满各种物质的炭精棒制成的,用铜、钴、镉、镁做了实验,未能得到满意的结果。最后用氧化物的镍即氧化高镍来实验,证明最合适,于是制造出由氢氧化钾溶液做电解质的铁镍蓄电池。这种蓄电池简称叫镍铁。

　　为进行大规模实验，爱迪生曾制造了大量各种各样的铁镍蓄电池。但实验表明，这种蓄电池的电量很小，只是偶尔才能达到每小时 0.3 安培。需要继续改进和加强蓄电池主要特性的研究。所用材料的纯度影响着蓄电池的蓄电量，当炼出了供实验用的优质加拿大镍后，蓄电池的蓄电量就增加了两倍多，蓄电量达到每小时 1 安培。

　　鉴于用于电极的金属的纯度具有巨大意义，爱迪生就在西奥伦治建筑了提炼铁和镍的小工厂。工厂设了实验室，研究这些在化学成分上很纯的金属的性质和作用，当时这还是一个未经充分研究的领域。

　　1903 年前，爱迪生在制造碱性铁镍蓄电池过程中，获得巨大成就，所以，可以实际试用碱性铁镍蓄电池了。碱性蓄电池组安装在用链条带动轮轴的电动机的电动车上。电动车经受了各种实验，详细记录了与该车行驶和蓄电池作用有关的情况。实验室里安装了实验蓄电池的装置，这种装置能模仿蓄电池在使用时可能受到的那种颠簸。

　　实验取得了成功。爱迪生决定把这一发明转入工业生产，建立了"爱迪生蓄电池公司"和拥有 450 多名工人的碱性蓄电池工厂。

　　爱迪生开始为新蓄电池做广告宣传，并在同报社记者的谈话中，透露了关于进一步发展这一事业的想法。

　　报纸报道了爱迪生在电工技术方面所进行的新变革：

> 好像电的新阶段即"蓄积电能"的阶段已经到来，电能已能方便地满足水陆运输、陆海军技术装备、农业、日常生活等方面的需要。

　　根据阿·肯内利在美国电气工程师学会上所作的报告，1 磅重的爱迪生蓄电池，比当时的铅蓄电池多出 1.3 倍的电能。发出 1 马力电能的蓄电池的重量比碱性蓄电池或铅蓄电池几乎轻 2/3。在蓄电技术上，这当然是一个很大的进步。

爱迪生经过10年的努力，终于完成了"E型"蓄电池，得到了社会的好评。订货单很快地如雪片般飞来，工厂立刻就忙碌了起来。

爱迪生制造了许多设备用来广泛地实验碱性蓄电池。在1903年，制造了橡皮轮胎的蓄电池车，这辆蓄电池车后来在波士顿试行了390公里。该车不用重新充电，曾行驶80公里至96公里。在390公里这段距离里，曾在6个地方进行了重新充电，充电费用7.5美元。行驶完这段距离后，所有的蓄电池都处于良好的状态之中。

1904年，为参加圣路易斯城举办的世界博览会，制造了30艘装有爱迪生蓄电池的游艇，展示了蓄电池电力牵引的良好性能。

爱迪生的蓄电池很快便投产了，而且销路不错，人们迅速地购买了装有真正的蓄电池的电车。

不久，人们发现了这种蓄电池存在严重问题：有时在车辆行驶中，电池中的化学液体会流出来，许多电池出现了电力衰减状况，以至于一些司机竟担心他们的车使用这种电池后是否还能开动。

这使爱迪生得知工作还没完成，于是立刻下令把工厂关闭停产，停止制造电池，把钱还给所有购买他们电池的人，而他自己重新开始了一个新的长期的实验。各地的用户买不到货，问商店，商店也莫名其妙。有些人便直接写信问爱迪生，爱迪生则认真地写了回信，向他们说明情况并道了歉。

爱迪生再次投入紧张的工作，寻找电池漏液的根源。到1905年夏天，实验记录簿上的新数字已经是1万多次。

这时，爱迪生所要搜寻的材料之一是铅。当爱迪生听说有位地质学家在北卡罗来纳的夏洛特发现了铅以后，他决定亲自去看一看。于是，他带着儿子查尔斯和另外三位助手，分乘两辆蒸汽车从西奥伦治出发直奔夏洛特。夏洛特没有旅店，他们自己搭起了帐篷，这个情景与30年前爱迪生观看日食的旅行很相似。

在电池推向市场之前，爱迪生解决了许多问题，其中最困难的是镍片的制作，这种镍片只有两万五千分之一英寸厚。在爱迪生看来，薄度是电池成功的关键，制造出适用的薄片是一种技术上的成功。

在爱迪生投入研究电池的第十年，他终于制成一种相当理想的镍铁碱电池。到1910年，就投入大规模生产。这种蓄电池的优异质量出乎他和助手们的意料。

这种新型电池用途非常广。用薄镍片制成的蓄电池充一次电可使汽车走160公里，而一般铅蓄电池只能供汽车走80公里。而且，这种电池也不会因过量充电或连续放置不用而损坏，寿命相当于铅电池的好几倍。因此，在一段时间里，电车险些给汽车造成了危机。镍铁电池其实最适合于潜艇使用，这是爱迪生在实验之前未曾预料到的。

爱迪生式蓄电池也适合于无线电广播收音之用。蓄电池还可用于火车和轮船，作为远离发电厂的电力，例如远离城镇的农场。蓄电池的用途的确很大，直到今天，人们还在使用这种蓄电池。

由于爱迪生的蓄电池能耐震，起初一直被用在车辆上，后来由于潜水艇的发达，它的价值更提高了。

潜水艇潜入水底后，是用钢铁制的大桶供给氧气，原来的蓄电池会产生有毒的气体，想要排除是不可能的。自从爱迪生用铁和镍做的没有毒气的蓄电池出现后，潜水艇几乎都采用这种蓄电池。

这种潜水艇用的蓄电池，到底能用多久呢？

爱迪生很有把握地向海军当局断言："好好保养并常常给水的话，经过4年以后，它的性能还是不变的。"

"哦，可以用4年？"海军当局负责人很惊奇地问了一句。

爱迪生很从容地回答："是的，4年，或许8年，可能比潜水艇用得久哩！"

A型蓄电池在1909年后开始出售。其后5年，爱迪生开始专心从事自己发明品的改良与完成，并进行其他有关的新发明。

研究探索电子管技术

19世纪80年代初,爱迪生制造出了世界上第一个仪器,他称之为"电气指示器"。

究竟是什么因素使爱迪生有这一发明的呢?

爱迪生在1879年末,基本上结束了制造强阻抗炭丝真空白炽灯的研究工作。这个时候他敏锐地看到,以电子仪器为基础的现代科学发展的得力手段无线电,如果没有电子管的广泛应用,大量自动装置和遥控自动装置、电视装置、计算机、各种控制仪器是不可想象的。

爱迪生断定,电子管能够得到广泛应用,就是因为它有着非常良好的性能;电子管是对发展人类社会生产力具有革命影响的主要技术因素之一。

爱迪生显然很清楚电子管的技术性能和工作原理:电流本身通过电子管会发生很大的变化,电子管的作用不取决于电流的频率特性,因为电子管能准确地控制电流并不断地使电流的特性发生变化,虽然绝大多数用来使电流发生变化的其他仪器也在逐步地实现着这一功能。电子运动本身及其速度,能够通过改变电子管内部电摄上的电势加以调整。电子管可以是电流放大器和电流检波器,而在一定的条件下可以成为高频振荡器。

爱迪生在对白炽灯整个使用期限内进行观察,结果有一个缺点引起了他的特别注意,即灯泡玻璃表面变黑的现象。变黑现象在所有的白炽灯中,都毫无例外地出现,而且白炽灯使用时间越长,变黑的程度就越明显。

当时生产的是光度小的白炽灯。灯泡变黑就损失了将近50%的光

通量,这些白炽灯的光线变得很暗淡。把消耗的能量转换成光能的经济效益降低了,因此电照明的价格提高了,白炽灯的有效寿命缩短了。当时,无论是爱迪生,还是其他白炽灯设计家,都没有解决玻璃灯泡变黑的问题。

爱迪生多次观察到,在抽去灯泡里的气体时,如果电流通过灯丝,真空灯泡里就发出淡蓝色的光辉。这种现象以前彼得罗夫和法拉第就曾经观察过。这是一种在极稀薄的空气中放电的现象。这种光辉在以前研究静电时就曾注意到。爱迪生正确地解决了真空灯泡中产生放电的现象。但当时还不清楚的是,是否可以把灯泡变黑和放电作用联系起来。

其实,在当时某些有关电的书籍中,已经提到过一些想法,一看就能帮助确定灯泡发黑原因。例如,法国电学研究家杜费,几乎在爱迪生进行观察的两个世纪前就已弄清了下列事实:与烧红的金属相接触的空气,就具有散发电荷的特殊性能。18世纪的其他科学家也曾指出过类似的事实。所有这一切,都使爱迪生作了如下推测:灯泡内壁的沉积物,是脱离了炽热灯丝的炭尘的带电粒子散发的结果,必须更深入地研究这种现象。

爱迪生在观察中发现,粒子并不是均匀地沉积在灯泡壁上的,经常可以看到有一个狭窄的小带状区,它比灯泡的其他变黑的部分轻得多。这仿佛是一种"白影子"的东西,通常都和弯曲成"U"形的灯丝的两根支路在灯泡的同一个平面上。结果仿佛一根灯丝支路屏蔽了另一根支路。在所有的情况下,总是造成光带区的那一根灯丝支路与直流电源的正极连在一起。

由这种观察可以作出下列结论:炭粒子不是散发,而是直线式地从灯丝的负极支路那里脱开。这样一种假设是完全合乎情理的,即从带电体表面脱离开来的最小微粒,其本身就带有电荷。因为只要往灯泡里引入一个附加电极,即一个带正电荷的或与直流电路的正极连接在一起的电极，这些带电的炭粒子就要离开直线路径而被附加电极所吸引，这也是合乎逻辑的。

爱迪生也开始了这样的实验。从已公布的爱迪生实验室的记录中可以看出，早在1880年初爱迪生就已开始准备进行这些实验，并设计出了有附加电极的灯泡。

1961年出版的刘易斯的著作中，就引用了从实验室记事簿中复印下来的一页，这一页上注着1880年2月13日的"第一次实验"的草图。根据这一任务，应当由实验室的一名叫奇·巴切勒的助手制造出必需的灯泡。因为爱迪生实验室和工厂总是不打折扣地并且在最短期限内制造出那些实验用的灯泡，所以怀疑这样的灯泡是否已经制造了出来是没有根据的。根据爱迪生亲手写的这个定做单，必须制造出有小马蹄形炭质灯丝的灯，在这种灯丝上空应当接入一根穿过灯泡玻璃的金属线，这一金属线的外端能被连接到直流电源的正极上。

实际上这个灯泡是二极电子管的雏形。所以就有理由认为，早在1880年爱迪生就已很接近于制造电子管了。

1882年6月5日，爱迪生继续用按照他绘制的草图制出的灯泡进行实验，这些草图是他为研究灯泡变黑现象的特点而绘制的。这种灯应有一个附加电极，该电极的安装要能阻止带电粒子的转移。这个电极被焊在灯泡圆顶里弯曲的灯丝的上空。爱迪生曾对根据这一草图制造的灯泡进行了一系列的实验。

1883年以后，爱迪生没有再继续进行这方面的实验，而着手研究怎样把这种现象加以实际应用。

爱迪生在实验过程中发现，装有附加电极的灯泡有一个非常重要的特性：在灯丝用来工作的电压发生变化的条件下，电流计电路中的电流强度就发生很大的波动，即用现代术语来说，电子发射在明显地发生变化。

爱迪生已打算把这种仪器，当作高灵敏度的电压变化指示器来用。

在1885年至1903年期间，爱迪生由于忙于研究其他项目，而对热电子发射的研究兴趣显著降低了。只有约翰·阿布罗乌兹·弗莱明在这时进行了实验。

弗莱明二极电子管是在1905年登记专利的，但最初没有得到广泛采用。到了20世纪初，人们对无线电报学的兴趣有很大的增长。弗莱明把二极管用于检波的想法，被美国工程师利·德福雷斯特加以发展。利·德福雷斯特在弗莱明的整流管上增加了第三个电极，获得"三极管"。三极管不仅对高频振荡进行检波，而且也成了弱小振荡的放大器。不久人们就弄清了，三极管也能作为等幅振荡发生器来用。

无线电技术发展新阶段开始了，而这个新阶段，恰恰与以爱迪生效应为起源的电子学有着密切的关系。

不屈不挠开铁矿

1880年，爱迪生向专利机构呈交了一份磁铁检矿机专利。第二天，爱迪生就在长岛的南岸开始建实验工厂。

采矿，是爱迪生在这一年想到的。一次，他为电车的发明开始做准备的时候，曾带了几位同事到长岛一带进行考察旅行。因为他听说过这地方有很好的铁砂层。到了长岛，果真如此，数十公里的海岸到处都是铁砂，这使他大吃一惊："这么多的铁砂，弃置不用未免太可惜！用磁力来分辨砂和铁，肯定能得到几十万吨的铁！"

工业的基础是金属，而铁又是消耗量最大的金属。造船、建楼，还有铁路和机械等，铁的用途可以说是数不尽的。随着社会的进步，铁的需要量也日益增多。在长岛海滩发现了那片铁砂之后，头脑灵活的爱迪生做了详细的笔记，并描绘着这一工程的草图，思索着建立这种企业的可能性。

爱迪生把样品带回了实验室，在实验中发现，细微的黑色砂粒可以被吸附在磁铁上。

时间的脚步刚刚进入19世纪90年代，东海岸炼钢行业的原料供应就出现了危机。如果使用西部储藏量较少而质量较高的铁矿石，就要付出巨额的运输费用；在东部离钢厂较远的矿山里，只能找到低质量的矿石，因而在使用之前也必须经过一个精选过程，这就使得成本大为提高。爱迪生在了解到这点之后给自己提出一个简单的问题，即为什么不能将粉碎的矿石通过磁铁把矿物和杂质分开呢？

事实上，这种实验曾经不止一次进行，每次实验都因技术限制而失败，但是，爱迪生觉得这正是自己应该努力解决的问题。于是，他就向专利机构呈交了专利申请。

爱迪生的长岛实验厂开工不久,有一天飓风突然来袭,几个小时内矿石全搬了家,工厂也在飓风中消失了。其后,他又在罗德岛建起了第二座工厂,该厂出产了1000吨钢铁,但仍达不到质量标准。

但是,爱迪生没有灰心。1884年公司合并以后,获得了进行大规模研究的时间和资金,爱迪生又重新投入到采矿的研究中去了。

由于工业的发展,钢铁的需求量大大增加。根据市场的需要,爱迪生决定进行铁矿的经营。在行动之前他做了大量调查,详细地收集了有关资料。那时,他已制造出一种特别灵敏的磁针,如果有相当量的铁矿,那磁针就会倾斜下来。有一天他正在一座山上,发现磁针倾斜得非常厉害,这说明这座山的底下一定藏有大量的铁矿石,这使他非常兴奋。

爱迪生从一位对这一研究工作感兴趣的新闻记者那里打听到,在新泽西州的奥格登斯堡村,即在距纽瓦克有100多公里远的地方,在深山老林中有一个废弃的铁矿场。爱迪生马上就在这里买了一块面积为16万英亩的土地。这一区域的铁矿储藏量是很大的,根据最保守的计算,够美国用70年。

爱迪生在这里建了一个叫"爱迪生"的矿山工人新村,这个新村有供全体人员用的厂房和住房。他还购置了各种设备,专门制造了某些特别大而功率强的机器。爱迪生在芝加哥灌溉渠竣工后,就从那里把最大的蒸汽挖土机调来一台。巨大的移动式蒸汽起重机,伸出部分达70多米。还运来了其他一些功率强大的机械。

爱迪生的采矿工艺操作过程由下面主要工序组成:预先爆破岩石或干脆不爆破,就用挖土机掘进;把大块的岩石挖出并运去粉碎;粉碎分三次进行,把细沙状的岩石运去烘干,然后再运到磁分离器内;把铁矿石与岩石分开;把矿石运去轧成块状,而把碎岩石运往岩石堆以便以后作为建筑材料加以利用。

这个叫作"矿山分离工厂"的企业的建设工程进行了两年。据统计，爱迪生在这两年中花费了200万美元。他调来的那台蒸汽挖土机一年掘进了2公里多，挖出的矿石不少于60万吨。

矿石烘焙后，就用磁分离机进行分离。粉末状的岩石经过电磁铁系统，矿石与岩石分离开来。爱迪生设计了粉碎机、磁分离机、压块机、焙烧炉。

爱迪生铁矿，一直夜以继日地进行着建设工程。爱迪生一个星期在矿山工人新村住5天，只是在星期六和星期天才回家。

爱迪生还是那个老脾气，说做就做。盖仓库的时候，他命令工程师史密斯说："应在24小时内将地面整平。"

这真是苛刻的要求，但史密斯马上亲自督促40个工人，不眠不休地砍木头、填土，终于如期完成了。

关于铁矿事业，副董事长马罗利虽然是专家，但在这里所用的采矿法，是打破传统而具有独创性的方法，所以一切都要依赖爱迪生那股伟大的发明力。

有一天，爱迪生叫一个工程师设计一种机械，那位工程师交给他三张图样，但没有一张令他满意。那个工程师说道："这太难了，我实在没别的办法。"

爱迪生没说什么，在星期六回西奥伦治时，他在那位工程师的书桌上留下一大堆的图样。

在实验过程中，爱迪生制造了50种机器，不断地修改，不断地完善，终于制成"爱迪生式选矿机"。当时除了蒸汽铲、发动机、发电机，其余的机器都是爱迪生亲自设计制造的。

爱迪生设计的碎石机只有在看到它的体积，听到它的响声后才能感觉它的庞大。

爱迪生为更好地经营采矿事业，还建了储存矿石的仓库。新泽西铁路的支线延长到爱迪生矿山下，终点站就叫"爱迪生"车站。

爱迪生还修建了一座独立的矿粉砖加工厂，以每秒钟一块的速度生产矿粉砖。所有这些工作，爱迪生都是亲临现场指导，有时甚至不顾个人安危。

由于采用新的选矿法，不仅铁矿质量比用那种旧式机械生产的要好，而且比原来磁铁矿的售价低了许多。这点，钢铁公司非常清楚。开始营业的第一天，钢铁公司就订了1万吨，以后也不断地发来订单。爱迪生的铁矿经营在1889年时最好，每天所产矿砂可达1500吨。

铁矿生意兴隆给爱迪生带来了成就感。

就在此时，发生了大变故。在明尼苏达州的美沙巴山脉，发现了矿藏丰富而且优良的贝世马矿，因此，铁的价格便出现了暴跌。

铁砂的价格受到这个影响，由每吨6.5元跌到每吨3.5元。爱迪生经过8年不屈不挠的努力，倾注全部财产的大事业，由于受到价格的波动，他的铁矿赢利设想一下变成了泡影。

爱迪生决定关闭铁矿的时候，已背上了好几十万元的债务。债权人蜂拥而来，爱迪生只好和马罗利一起下山，回到家去。

爱迪生在火车上，想着日后的计划。最后决定利用采矿事业已有的知识，建设一个水泥工厂。

爱迪生的铁矿事业虽然因此告一段落，并因此负债累累，但他并不沮丧。

后来，爱迪生回忆开采铁矿的那段时间，说："在这里工作的5年中，是我最愉快的时候。这里工作虽忙，但用不着担心其他的俗事。这里的空气清新，我们过的生活虽然很简朴，精神却很愉快。我们在这里得到了不少经验。有一天，这些经验将会对社会、对大众有益。"

重新振作生产水泥

爱迪生的铁矿事业虽然失败了，但他没有一蹶不振。他很快又爬了起来，并考虑如何运用既有的经验，重新开创一番事业。最后，他决定兴办水泥事业。

爱迪生的这项选择是对的，以前铁矿事业所需用到的碎石作业、筛石粉、晒干矿石等，这些都可以运用到水泥事业上。而且，这时正是美国工业兴盛时期，水泥的需要量在5年内，就已经增加了两倍。

"木材会腐朽，石材和砖块也会崩坏。可是钢筋水泥的建筑，却永久不坏。看古代罗马的浴场，它不是和建立的时候一样坚固吗？"

爱迪生这样说。

水泥最早是由英国石匠阿斯普奇发明的，那是在1824年。美国宾夕法尼亚科普雷的舍勒等人于1827年开始仿制水泥。在工程师怀特用自然水泥修筑伊利运河后，开始仿制水泥的人日渐增加。法国在1840年，德国在1898年先后建起了水泥厂，到20世纪初，人造水泥大为盛行。

爱迪生看到了水泥业的发展前途，决定发展这一项目。尤其是他在采矿业中获得许多关于碾石的经验，这为他提供了跻身于水泥业的条件。

1898年，爱迪生在西奥伦治以西70公里外的森林里发现了水泥石，他立即购下了800英亩蕴藏着水泥石的土地。

当他对水泥制造有了较为深入的了解后便开始设计工厂，经过24小时的紧张工作，工厂的设计图完成了。

爱迪生设计建造的这所工厂，直到今天还保留着。他从附近的矿厂运来石灰石，那些用于开采铁矿、碾碎矿石的机器，马上就派上了用场。

在自己的加工厂内，爱迪生打破常规，设计了一个大型长窑。起初他用了一个木质的模型，进行反复的实验，最后得出了满意的结果，依据新的理论建造出一个石灰窑。

新石灰窑完工后，实验结果表明产量比普通的窑多了一倍。然而，爱迪生还不满足。

爱迪生水泥公司的水泥产量不断上升，从每天750桶增加到850桶。但爱迪生依旧嫌产量太少。于是他提出了几种改进的方法，使后来工厂的生产不但超过900桶，又增加到了1000桶。最后在24小时内竟突破1000桶达到1100桶。

在当时，有很多人对长窑的产量表示怀疑，他们预言这种方法很快就会失败，他们认为长窑一定会出现弯曲现象。可是事实证明，他们是错误的。

不到几年，美国全国出产的波特兰水泥一半以上是用爱迪生式的长窑生产的。而且，烧制水泥所需的煤也减少了一半。

爱迪生还利用铁矿厂设计过程中获得的技术大大改革了水泥石烧制前的碾磨工序。最后，用5吨大型气铲取代了小车推运水泥石。

爱迪生的水泥工厂完全实现了机械化，全厂日产量为1100桶，220吨。每一窑日产量为200桶，50吨。

爱迪生预期能够用增加窑数的办法来继续扩大生产。他的窑长约50米，宽约3米。窑的设计原理证明是正确的，所以爱迪生开始生产廉价水泥，这就更大地提高了对水泥的需求量。

当时，即在20世纪初，水泥主要是用于来配制灰浆，供砌石、铺水泥路和生产钢筋混凝土构件。爱迪生认为，水泥应用的前景一定颇为宽广。爱迪生产生了"浇注式房屋"的想法，也就是用专门的机器把水泥浆浇注到模具里而制成框架式的房屋。

爱迪生曾说："我总是力求在我力所能及的范围内做些什么，以便使我国人民进一步摆脱繁重的劳动，并力求创造出最大的可能性，使人类得到幸福和繁荣。我认为，如果我们建立一家工厂，能生产出比现在质量更好、价格更低廉的水泥的话，我们厂定为此作出努力。如果我们能实现这一点，那么一座有6个房间的水泥房子，我们可以只花300美元就建立起来。"

在建造水泥房子时，爱迪生采用先造好房屋架构、安装铁筋，然后灌注水泥的方法。按照他的设想，灌注水泥法只要6个小时就可以造好一幢漂亮的房子。他曾估计："浇注一幢6个房间的房子只需300美元的代价。塑造的模型可以在全国各地重复使用，这样就可以节省许多费用。"

"爱迪生式建筑法"掀起了一次建筑业的革命，此后各处的大楼、工厂等大建筑，纷纷采用这种省时省力的"爱迪生式建筑法"。

1908年8月，爱迪生提出申请这种建筑方法的专利。

然而，"爱迪生式建筑法"没能大范围地推广，因为这种建筑法虽然方便，但式样却大同小异，千篇一律；而人们对自己的住房，各有各的习惯和爱好。因此，相同式样的房子就不太受人欢迎，这就是"爱迪生式建筑法"的局限性。

很快，爱迪生参与了新泽西州第一座水泥房屋的建造。巨型搅拌机被固定在现场，一条传送带将水泥送上屋顶的储泥池，6个小时便可将模具灌满。6天以后，模板去除，剩下的工作只是安装门窗、管道、照明及其他的辅助设备。

在一些基础工作完成之后，爱迪生写出了一份更为细致的计划，即建造一种费兰西斯一世风格的建筑。这种建筑绮丽豪华，如用石材制造，其造价高得难以支付；如果用水泥建造，内部的装饰可以用彩绘解决，屋顶制成瓦状，也易于漆成主人喜欢的颜色。这种房屋据说能够绝缘，又可以减少3/4的建筑费用。但是，这种房屋仍没能普遍推广使用。

生活趣事

荣誉感是一种优良的品质，因而只有那些禀性高尚积极向上或受过良好教育的人才具备。

—— 爱迪生

再建温馨家庭

从1881年开始，爱迪生住在纽约的时间越来越长，他的家人也都住在纽约。门罗公园是他们一家夏天避暑的地方。

1884年夏天，玛丽·爱迪生在门罗公园患了伤寒，那是一种可怕的疾病。她起初以为只不过是受了点凉，经过简单的治疗就会好的。因此，在纽约正全力工作的爱迪生也就没有回去看望她。玛丽的妹妹爱丽丝和医生们每天都守在她床边，为她治疗，照顾她的生活。

不久，玛丽的病情恶化。爱迪生也有好几天没去研究所了，他不到研究所来是很少有的事情，同事们都很为玛丽担心。

玛丽的病况日益严重，终于在1884年8月9日去世。爱迪生在家中为夫人玛丽·爱迪生举行了葬礼，然后将棺柩运到一个小车站上，由火车送到她的故乡。

玛丽给爱迪生留下了3个年幼的孩子。

爱迪生感到了从未有过的孤寂，他不得不继续工作，不能因此把工作停顿下来。他把他的房子租给了别人，把孩子们送到纽约，由孩子们的外祖母照料。

门罗公园带给他的只剩下悲伤了。他把那些机件、药品、仪器等通通搬离研究所，公园连同研究所一齐被他扔下了。

一连两年，爱迪生过的是一种寂寞而单调的生活。玛丽虽无出众的才华但却是一位典型的贤妻良母，她十几年如一日在默默地支持着自己的丈夫。她活着时，对爱迪生没有太多的奢求，只是爱他，理解他的事业。爱迪生没有多少时间过家庭生活，但玛丽总是等待着他。现在，爱迪生非常寂寞孤独，不断地在心中向她道歉。

为了排遣心中的痛苦与寂寞，爱迪生常带女儿到戏院去，回家后总是要她把歌曲学唱给他听。那时女儿12岁，她常替母亲为父亲买雪茄，像对母亲一样敬爱父亲。

爱迪生为了排遣内心的伤痛，更加努力地投入到研究工作中。玛丽去世后，爱迪生的朋友们急于为他续弦。最终做成红娘的是埃兹拉·吉利兰德的太太。吉利兰德是爱迪生从前在波士顿担任电信技师时的好友，他们的友谊从青年时代一直保持到晚年。

玛丽去世后的两年间，爱迪生常去吉利兰德家。1885年5月的一天，爱迪生应邀前往吉利兰德家。那天，在他家有位非常漂亮的年轻女士，名叫米娜·米勒，是俄州克朗的路易斯·米勒的女儿。

路易斯·米勒从事农具销售业发了一笔财，又与约翰·文森特主教一起创办了旨在进行成人教育的肖托夸协会。

米娜·米勒初次见到爱迪生的时候，只有18岁，而爱迪生已经38岁。由于爱迪生的稚气和单纯的性格，两人间的心理年龄差别并不明显。她是一位禀赋不凡而又文雅的姑娘。根据《艾克龙时报》报道，她"熟谙家务、艺术，做派端庄，性情慈善，喜好教育工作"。

她生得窈窕，有一双美丽的眼睛和一头好看的头发。她曾去欧洲旅行，尽管年轻，但似乎已能胜任处理家务和应酬商业巨贾、社会名流的社交活动。所以，爱迪生对她一见钟情也并不奇怪。

可是，路易斯·米勒另有主意。尽管爱迪生有名有钱，但他并不以为他是自己年轻女儿的理想丈夫。当然，问题出在年龄上，他们几乎是两代人。可这并不是最重要的因素，重要的是米勒小姐已有人追求，那就是文森特主教的信奉正教的儿子，而爱迪生却难以掩饰自己无视宗教的事实。

尽管如此，对于这位能在华尔街支持的发明丛林之中生存的人来说，这乃是微不足道、容易克服的障碍。不久，在父母的许可下，米勒小姐陪吉利兰德夫妇、爱迪生，以及爱迪生的女儿玛丽安一道去新罕布什尔的白山山脉游玩。

早在初次相会的一些场合里,爱迪生教会了米勒小姐使用莫尔斯电码。现在,在穿越白山山脉的旅行中,他们掌握的这种电码得到了充分利用。爱迪生在日记中写道:

> 我用莫尔斯码问她是否愿意同我结婚。用电报信号发出"是的"一词是容易的,果然她发出了这个词。如果叫她公开这么讲,她就会感到为难。这次我们进行了长时间的谈话,可谁也不知道我们在谈什么……如果用语言交谈,他们肯定会听见。使用电码,虽然车里还坐着另外3个人,我们却可以毫不窘迫地互相使用昵称。

在2月份结婚之前,爱迪生购下了将陪他度过后半生的寓所,地址在新泽西州的西奥伦治郊区的格伦蒙特。这座小镇毗连奥伦治、南奥伦治和东奥伦治,形成纽瓦克郊区的四镇群。这所房子原归纽约的一位百万富翁所有。那人破产后潜逃,只留下这所房子用以应付前来讨债的债权人。房子占地13英亩,带有花园。在赞美爱迪生的传记中,这所房子曾被描述为"独特的建筑式样,给人以清新之感",建筑者有"丰富的想象,因此在每一回转之处,都给人以猜不出的、令人喜悦的新奇景物。这里有无数三角形屋顶、富有诗情画意的四角和几何形状,以及雕花露台与五彩缤纷的玻璃"。当然依照现代标准,这是糟糕透顶的设计。然而,爱迪生不仅在这里开辟了公园、畜牧场和养禽场,还建了占地1英亩的玻璃房,而且搬来了图书馆并运进许多艺术珍品。

婚前,爱迪生与吉利兰德夫妇去佛罗里达州游玩时,在迈尔斯堡发现了一片高约6英尺的竹林。于是他买下了十几英亩的地皮,在那里建立了一座私人别墅。后来他带着新娘在此度过了短暂的蜜月又回到了格伦蒙特。

爱迪生与米娜·米勒于1886年2月24日结婚。他们的婚礼是在米娜家里举行的。

婚后，爱迪生就住在了新泽西州的西奥伦治郊区的格伦蒙特一座漂亮的房子里。

"这栋房子真是不错。"

听别人这么一夸，爱迪生微笑着，把手轻轻放在年轻的太太肩上，说道："我们才结婚的时候，我本想买一栋价值约2万元的房子。但一看到这栋房子，我就爱上了。想到有艺术天才和趣味的人，积10年的热心研究和努力，是应该有这么一栋房子，我便毫不犹豫地买了下来。虽然对我来说，这个房子的确太好了，但对我这位美丽的太太来说，它还不够完美呢！"

"这栋房子是有相当来历的吧？"

"是的。有一个叫贝达的暴发户，投下了50万元的巨款，盖成了这栋房子。后来，他的事业失败了，因为要到西班牙去，所以只好以10万元的低价卖掉，但好久都没有卖成，我就用一半的价钱把它买下了。"

"你是说，这栋大房子，全部才用了5万元吗？"

"是的。家具、绘画、铜像、胸像、有5000册书的图书室、古董、日本屏风、30英亩的庭院和果树园、1英亩的温室、牛马鸡鸭、库房里的干草、厨房的麦粉等，连同他所养的熊，一切都包括在内。"

从此，40岁的大发明家爱迪生和19岁的新娘，就在这座新房子里过着快乐的生活。

前妻玛丽，是爱迪生的第一任太太，他们结婚的时候，爱迪生还是一个默默无闻的青年发明家。玛丽与爱迪生由于出身相同，而且还曾同在一个公司工作，所以他们婚后的生活过得很融洽。

但是，米娜嫁给他的时候，他已经是一个名满天下的大发明家了，但他仍然不修边幅，只热衷于发明。所以米娜一直希望能改变他。

"你们知不知道，做一个伟人的妻子有怎样的感觉？"后来，米娜曾这样问别人。

有一次，瑞典的皇太子和太子妃来访问他们的时候，米娜夫人要爱迪生换上新的衣服，他却说："咳！用不着。反正我的衣服不用多久，很快就会弄脏的。"

按照预定的日程，两位贵宾参观研究所和工厂之后，要到格伦蒙特他们的寓所来共进午餐。所以夫人特地准备了一辆豪华的轿车，停在研究所的门口。

但当爱迪生看到那辆华丽的轿车里坐着一个服装考究的司机，立刻显得很不高兴。他举手把平常乘坐的那辆老福特车叫过来，微笑着请这两位贵宾上去，太子和太子妃也都很高兴地坐上那辆老爷车。

爱迪生这个人，在他成名以后，还是不改他以往的作风。从小就不讲究什么规矩，在上流社会长大的米娜夫人，应该如何应付呢？

"不管他多么不修边幅，不讲客套，大发明家总应该有一套和他身份相配的生活方式。"这是米娜夫人的看法。她设法要将爱迪生的生活慢慢地改变过来。

自从新夫人来了以后，爱迪生的穿着比以前整齐多了。白衬衫也都烫得笔挺，他那一套大衣，也给人朴素的印象。

对于吃的东西，夫人也很注意。由于长期的经验，夫人知道什么东西最适合这位发明家的健康。晚年，爱迪生所常吃的食物，主要是菠菜、番茄、胡萝卜、沙丁鱼和牛奶。

"这样的菜单对于别人并不适宜。但经我研究的结果，我发现这些菜对他最有益处。"夫人对他这么体贴并周到，爱迪生也就没话可说了。

爱迪生的体力渐渐地不能应付通宵的工作以后，夫人常常亲自到研究所接他回家。为了不让他有在家里不能工作的借口，便在格伦蒙特的家里，设立了一个和研究所相同的实验室。

爱迪生通宵工作的时候，夫人也在自己的房里做事，一直到天亮。所以有人说："假如没有这位贤明的夫人，爱迪生一定会提早25年，而且还一文不名地死掉！"

夫人的起居间，是一个漂亮又宽敞的房间，里头放着一架钢琴。爱迪生经常喜欢坐在一旁的安乐椅上，静听着夫人弹奏贝多芬的乐曲。

二楼有一间很大的图书室，书架上摆满了各类的书籍，其中有不少是文学类的书籍。

"文学方面你喜欢看些什么书呢？"有人这么问。

爱迪生回答说："我年轻的时候，最喜欢看雨果的作品，所以我在西部当服务员的时期，曾被人称为'维克多·雨果·爱迪生'。不过，近来我认为大仲马的《基度山恩仇记》是世界上最好的小说。"

"那又是为什么呢？"

爱迪生马上笑着说："大约是15年前的一个晚上，我遇到一个难题，回到家里后，便独自在图书室里踱来踱去，希望能想出解决的方法。就在这时候，我太太也进图书室来，她从书架上拿下一本书，对我说：'拿去看看吧！这是本杰作。'她给我的书就是《基度山恩仇记》。我坐下来读了一会，很快就被它迷住了，不知不觉天已经亮了。早上，我到研究所去上班后。说也奇怪，几天来绞尽脑汁都想不通的问题，一下子就解决了。从此以后，我一直认为《基度山恩仇记》是最杰出的一本小说。"

晚年的爱迪生，常常喜欢坐在图书室的摇椅上，随兴致所在看看书，经常一看就到深夜一两点钟。

敏锐的音乐感觉

有一天，一位名叫文生的传教士来到门罗公园。他很好奇地用手摸着留声机，爱迪生便对他说："也来试一下怎么样？"

文生就靠近录音口，开始录他的音。他把《圣经》上面的人名，一个接着一个地，很快地念了出来。对于他这种本领，爱迪生也感叹不已。

他录完音以后，爱迪生便摇了摇把手。留声机就照着他的速度，念出《圣经》上的人名。

文生叹了一口气，说："哦，这是真的。再没有人能以这样的速度，念出《圣经》上的人名了。"

他大概一直都认为，留声机里面藏着一个善于模仿别人说话的人哩！

当时，很少有像留声机这样轰动的发明。这个热潮并越过大洋，传到了欧洲。

假如爱迪生亲自带着那"说话的机器"访问法国，也许会受到狂热的欢迎，恐怕连从厄尔巴岛逃出的拿破仑也比不上他哩！

"不过，我是不喜欢热闹场面的。"

不久，爱迪生派留声机研究所主任华尼加曼，去负责欧洲方面的宣传。

在德国，对留声机表现最热心的是年轻的皇帝。皇帝说："在我国首次的实验，必须在我面前举行。"

华尼加曼便带着留声机晋谒，皇帝很热心地研究那部机器，并说："今天晚上，再带留声机来一趟吧！"

那天晚上，在坐满了文武百官、贵宾淑女的大厅里，皇帝亲自在留声机边录音，并很得意地说明刚学到的音响、音波、振动等原理，好像他便是爱迪生研究所杰出的技师一般。

不久，爱迪生便在研究所附近设立了一家工厂，开始制造留声机和圆盘唱片。使留声机事业成为世界性的事业，还可以录制音乐。

爱迪生很喜欢音乐，并且也很了解音乐的真正价值。他认为：

假如，只是为了生存，有了衣食住也就够了。但假如要生活得像一个人，那么身心就需要有音乐。书本固然重要，但在美国能认真看书的人，还不到四分之一。音乐这个东西，大家都能听。除了宗教以外，音乐是最能安慰、鼓励人们心灵的东西了。

不过，今天的音乐，和40年前的电气一样，仍处在落后的状态，我要使它发达起来。这个工作，我想在3年以内完成。我要使留声机成为世界最伟大的乐器。

爱迪生对于音乐确有极敏锐的感觉。不论是多么著名的音乐家的唱片，不经过他亲自试听，一概不准出售。

一般人听不出的小错误，他都能清楚地辨别出来。因为，他自己的耳朵有毛病，所以常说："那种错误连聋子都会听出来的。"

他又说："我的耳朵可以防止那些扰乱一般人听觉的杂音。所以，内耳的感觉特别敏锐。"

如果遇到太差的女高音歌手，他会不客气地挖苦说："这像什么！如果你想赶走壕沟里的德国兵，最好是放这张唱片吧。"

有一次，著名音乐家汉斯·凡·尤路到橘山来演奏。事后，经爱迪生指出音谱的错误，他的门徒听了很不高兴，坚决地说道："没有这回事。伟大的凡·尤路怎会有错误呢？绝对不可能的。"

爱迪生很镇静地答道:"好吧,放他的唱片听听。"

当圆盘转动到那致命的部位时,凡·尤路竟昏倒了。爱迪生急忙叫人用冷水往他的脸上泼。

等到凡·尤路清醒过来后,这位大音乐家一句话也没说,低着头拿起帽子就走了。从此以后,人们才真正相信爱迪生音感确实相当准确。

爱迪生认为由于留声机的出现,才促使音乐回到正途。他曾经说过:"这些人在社会上都被人们认为是最伟大的音乐家。虽然都有不少的小缺点,在音乐厅里是听不出来的。但只要透过这个喇叭来听,一切就都能很清楚地展现出来。我的留声机绝对不会含糊的。我捉住了它的紧要关节!"

淡漠金钱和荣誉

爱迪生到达法国首都的时候，巴黎市民对他热情的程度，真是令人难以形容。大家只要一见到他，便一窝蜂地拥上去。不仅富豪名流争着宴请他，各个团体单位也都争相邀请，场面非常热闹。

后来，爱迪生被意大利国王封为伯爵的消息，传到了美国。爱好民主的美国人民，固然希望爱迪生能婉谢这个爵位，但因为自己的同胞获得这份荣誉，大家又都对这件事感到与有荣焉。

所以，爱迪生从欧洲旅行回来的时候，新闻记者第一个问题便是："您真的成为伯爵了吗？"

"没有。"爱迪生平静地说。

对这个回答，记者们都感到有点失望。爱迪生立刻安慰着他们说："不过，在法国却接受了这个东西。"

说着，他就拿出文化勋章给大家看。"这是法国人给外国人最高的勋章。夫人很高兴，硬要我挂在胸前。但是，一遇到美国人，我就赶紧把它摘下来。因为，我怕被别人取笑呀！"

爱迪生对于这样的事，就像孩子一样怕羞。

有生以来第一次拿到4万元的支票时，爱迪生反而感到不知如何是好。他说："此后，我怎么办呢？索性用它做资本，办一个发明研究所也好。无论如何，还是先把支票拿去兑现。"

爱迪生到了纽约银行，从窗口把支票递过去，一个年轻的银行职员，将支票翻了一下，不知在嘴里讲了些什么，又把这张支票退还给他。

爱迪生因为耳朵不好，所以，也就没有听清楚他说的是什么，他就想："这一下糟糕了。我早猜到了，哼！4万元，哪有这么好的事？"他飞也似的开步跑，回到利弗茨的事务所来。

董事长和秘书听了他的话，不禁大笑起来。"哈哈，老兄，因为按照规定，凡是拿支票去兑取现款的人，都应该在背面签名，以证明是本人无误。哈哈，你用不着担心，我派个公司的人陪你去。"

爱迪生又到了银行，由陪着他去的人和银行职员说了几句话。只看到银行的职员露出了笑容，不久，柜台上就摆满了一大堆钞票。

爱迪生把这堆钞票分别塞进了外套、上衣、裤子和衬衣的所有口袋，东凸一块，西凸一块，样子很滑稽。

他走了以后，银行里的职员们都哄堂大笑。

爱迪生带了这么多的钞票回到家里，不知道怎么处理才好。

他先把房门上了锁，一会儿，把钞票堆在桌子上，一会儿，又堆在床上，弄得整夜没有睡觉。

第二天早晨，他又把钞票装满了口袋，去找利弗茨想办法。

"哈哈，银行的人也太缺德了，他们故意开你的玩笑，给你的都是些小额钞票。好吧，我来帮你想办法。"

和善的利弗茨又派了一个人陪他到银行去，开了一个账户，把4万元存了起来。这是爱迪生第一次在银行开户。

后来，爱迪生就用那4万元当资本，在纽约近郊的纽瓦克，办了一个独立的研究所和附设工厂，专门接受利弗茨的订货，制造股份标识机。

他的工厂经营，好像很马虎。在爱迪生的脑海里，根本就没有什么赚钱的念头。

他没有设账簿，只准备了两支别针，把借方和贷方的账单，分开别起来，如此而已。

后来，经人劝告，才雇用了一位会计，但还是不行。

爱迪生曾这样说过："会计员、账簿那些东西，我一概不信任。"

这使人十分不解，就有人问他为什么。

他说出了一番话，才使人恍然大悟："我叫那个会计员计算一下，在起初的3个月里有多少盈余。会计员向我报告，说有3000元的盈余，于是，我就请属下的人，吃了一顿饭，以示庆祝。可是，过了两天，会计员又来报告：'前天算错了，是亏损500元。'再过五六天，他又来报告：'我的脑筋都搞昏了。现在已经弄清楚，是有7000元以上的盈余。'"

自此以后，到还清债务，把盈余存入银行为止，究竟是盈是亏，爱迪生仍不敢相信。

废寝忘食地工作

爱迪生自从独立开业后,就又热衷于发明,几乎到了废寝忘食的地步。

员工们说:"咱们老板的精力,真是旺盛。已经有两个星期没有从研究所出来了。"

"他吃的饭都是叫人送进去的,不晓得睡觉的时候是怎么睡法。"

"他累了,不管白天或晚上,就拿起书当枕头,躺在研究所里面的桌子上就呼呼大睡起来。顶多睡上30分钟,便紧张地跳起来,又继续他的研究工作。据说,一天就只这样睡四五次而已。"

"哦,这么简单?"

"是啊,也就是说,他是把一天的睡眠,分成四五次睡。"

"真是了不起的人。他一热衷于发明,就把睡眠和吃饭都忘了。"

可是,他忘掉的不只是睡眠和吃饭,有时甚至把自己的姓名都搞忘了。有一天,爱迪生收到通知,说他税捐已逾期多日,催他赶快去缴税。

爱迪生赶紧跑到税捐处去缴税。因为人多,需要排队按着顺序办理,他便排在最后,脑海里仍思索着一些事情,终于轮到他了。

"下面一位,叫什么名字?"

被这么一问,他突然愣住了:"哦,我的名字是……"

他当时说不出来,这一下,税务员生气了:"自己的姓名都忘了?下面一位!"

他就因为说不出姓名,误了缴税的时间而被处罚。

爱迪生自己这样努力,所以不管是在研究所或工厂,大家都很紧张地工作。有时候，有四五十种发明同时在进行。如果某一部分发生故障了，爱迪生便说："各位，我们来找出臭虫吧。"

发明或设备有不顺利的地方，爱迪生总是管它叫作"臭虫"。

有一次，他接到股份标识机的大量订单，机器却偏偏发生了故障，他便下令将工厂关闭了60个钟头，要工人从事改造和修理的工作，一直到"臭虫"完全被除掉，才把工厂的大门打开来。

"臭虫这个东西，总是跟着懒惰的人。我们当然能把它消灭，而且，也必须把它消灭。"爱迪生常这样说。

爱迪生研究所是栋三层楼的建筑物。研究所的图书馆在一楼，内部全是用槲木建成的，屋顶很高，里面用书架等隔成好几个小房间，非常整齐雅洁。书架上排满了50年来的英、德、法、意各国的专门杂志和报告书。

在靠近出口的那个小房间，是爱迪生先生专用的。因为他一感到疲劳就会想睡觉，所以特别准备了一张床。

走出图书室便是仓库。里面有关研究所需要的药品和材料，应有尽有。

仓库的另一边，是占地很广的机械工厂。研究所需要的机器，大多数可以在这个工厂里自己生产，所以不用到外面去订制。

三楼有一个大房间，里面陈列着爱迪生的各种发明品、器具和机械，好像是一个科学博物馆。另外还有一些小房间，其中一间是爱迪

生的办公室，经常有位秘书在那里处理研究所的事务。爱迪生唯恐妨碍研究工作，便严格吩咐守卫，绝对不准闲杂人进入。

尼克是一个忠实的守卫，一直跟随着爱迪生，直到他去世。尼克还很年轻的时候，就在研究所里工作了。他第一次当守卫的时候，有一个衣服很邋遢的人，走向研究所来，并且擅自推开门想要进去。

"你有什么事呀？"

"有什么事？我要到研究所里，快开门吧！"

"不行的。"

"为什么？"

"除非有通行证，或者是爱迪生先生所邀请的客人，除此以外一概不准进去。"

"哦，原来是这样。"

这个人说完就走了。

尼克望着他那身龌龊的衣服，还暗地里骂了他这么一句："哼，大摇大摆地就想冲进来呀！"

但说也奇怪，刚才那个人又跟着研究所的人来了。

"你不认识这个人吗？"所员很正经地问守卫尼克。

"不认识，爱迪生先生又没有交代过。"

这一下，所员可大吃一惊。"喂，老兄，这位就是爱迪生先生呀！"

从此，尼克便很受爱迪生的赏识。

战时岁月

登高必自卑,自视太高不能达到成功,因而成功者必须培养泰然心态,凡事专注,这才是成功的要点。

——爱迪生

动荡岁月被卷入战争

1914年，70多岁的爱迪生还在辛勤地工作，不仅在西奥伦治，在佛罗里达州自己的家中也是这样。他的工作强度虽然不像在内战期间做报务员时那样，但与同龄人相比，他仍在一人做两人的事。

1914年爆发了第一次世界大战，欧洲变成了一个巨大的战场。爱迪生发表了意见，表现出了自己的和平主义精神，认为他的国家参加屠杀人类的战争是不能容许的。

第一次世界大战初期，美国是一个中立国，但当德国开始了无限制的潜艇战时，美国就开始准备参战。1917年4月美国对德国宣战，这对结束战争起了一定的作用。

在战时，美国对石炭酸的需求量猛增，因为石炭酸是生产苦味酸所必需的，而从苦味酸中能制造出烈性炸药即苦味酸盐，特别是制出具有巨大破坏力的三硝基酚。1914年9月1日，美国的石炭酸和苯的储藏量不够使用一个月。

早在第一次世界大战爆发的初期，在美国就已感觉到许多变化。化学材料不足，因为这些材料在和平时期多数是从拥有大规模化学工业的德国进口的。特别突出的是石炭酸和苯十分缺乏。石炭酸适用于制造唱片，所以这一工业部门在战前就是石炭酸的最主要的消费者。

由于爱迪生比其他人更早地感到了1914年8月欧洲战争将为自己的事业带来影响，所以说他的神经要比一般人更灵敏。这时，德国在法国境内的推进已被阻止，双方面临持久战的前景。爱迪生虽然不愿美国卷入战争，但他还是意识到，无论如何国家的工业也会因战争受到严重挫折，在这种情况下，像他这样的人一定会被召来发挥自己的全部技能。为此，爱迪生早就做好了应对这一挑战的准备。两年前，他去德国访问回到美国后，曾发表过自己对德国的一些看法。

1914年夏季之后，德、俄、法、英相继投入战争。热爱和平的爱迪生不希望战争之火引到美国本土，他随时准备着应国家之召去为扑灭战火做点工作。

爱迪生在归国后号召美国人学习德国那种细致、精益求精的精神，特别是生产一种新产品时要想办法用生产过程中的辅料、配料、废料再生产出一系列的新产品来，而不是通通扔掉副产品。

爱迪生对美国工业的直率批评给他带来了不少麻烦，尤其是战争爆发后仍然到处讲述学习德国工业的先进的科学管理办法，就更容易招致非议。

爱迪生这位发明大师在政治方面天真和对犹太人抱有偏见。比如，爱迪生对自己的一位朋友说过，一种发明如果实用到就是连犹太人也乐意掏腰包的话，这项发明才能算成功。

实际上，爱迪生的话包含着对犹太人的一些善意的讽刺和佩服。爱迪生在新闻媒介中的表态，却又对德国境内发生的排犹太人情况的不了解，某种程度上使人们对这位享有崇高声誉的发明家有点失望。

在欧战初始的岁月，随着公共舆论从中立渐渐倾向于偏袒协约国，像爱迪生这样的名流能够不顾政治牵扯，继续向人们讲述德国工业的长处，对美国来说无疑具有很大的帮助。

但是，这种不顾牵扯的直率态度，这种对本国工业的批评，不管批评会得罪谁，爱迪生都要为之付出代价。这类事只能出自爱迪生这种政治态度过于天真的人。

这位谴责美国工业不如德国工业效率高的爱迪生，对于使政党与国家沉浮的潜在因素，既不关心，也不理解，因此对危急关头可能产生的那些有害思想最易接受。所以，在第一次世界大战的动荡岁月里，他不可避免地有时会把自己推向尴尬的境地。

发表对战争的看法

面对战争在全世界蔓延，爱好和平、主张注重防御战的爱迪生提出建议：美国必须建立一所由海军、陆军、政府三方控制下的科研机构。

爱迪生在建议中说：

政府还应建立起处于陆军、海军和政府三方联合控制之下的巨大的研究实验所。利用这一研究机构，不断提高大炮的威力，发掘新型炸药的制造工艺，不用耗费很多的钱，就可使陆军和海军的技术不断进步。当我们这样做了，我们就能用它的研究成果，迅速造出最新最有效的大批战争工具。

出自一位伟大发明家爱迪生之口的建议，立即得到了政府和海军方面的高度重视。

1915年7月7日，美国海军部部长丹尼尔斯读了这篇文章后致信爱迪生，说明海军方面最大的希望就是发挥美国人的聪明才智，制出能应付新型战争的机器和设备。为此，他打算建立一个发明与研究部门，将有关人员提出的设想与建议交付该部门考虑。

丹尼尔斯在信中写道：

我觉得如果有一个举世闻名的发明天才能随时地帮助我们解决许多重要的问题，那么我们相信我们的参战的计划必将引起更多人的注意，而战争力量的后盾也一定更会大大增加。我们认为你是最适合于这需要的人，因为你最有能力把理想化为现实，你除了你那独特的智能以外，在你的指挥之下，还有着关于这种工作的世界上最优良的条件。

我有很多的事情要向你请教，但是遗憾的是现在除了海军部对你的感谢以外，旁的一无所有。在我想到我们的祖国和你对于她的责任感时，我相信你一定会首肯的。我谨在此向你致谢。

爱迪生是否愿意做这个研制部门的领导呢？

7月13日，爱迪生的总工程师兼个人代表赴华盛顿，声明爱迪生已答应担任那家研究机构的领导人，但必须与爱迪生会面于格伦蒙特。

爱迪生又分头行文给美国航空学会、美国化学会、美国电化学会、美国电工学会、美国采矿工程学会、美国数学会、美国航空工程师会、美国土木工程师会、美国采矿工程师会、美国发明人同业会等11个专门团体的会长，请他们每家推荐两人到海军顾问委员会工作。并邀请米勒、里斯、哈钦森加入。

1915年10月7日，在华盛顿海军部召集第一次全体会议，命名为"美国海军顾问委员会"，爱迪生被推荐为委员长。爱迪生与丹尼尔斯原约定只担任顾问，不担任行政管理等职务。

对于现代战争的真实含义，爱迪生发表了有关言论。在第一次会议结束不久，他就警告大家说：

未来的士兵再不是那种手持大刀、嗜血成性的野蛮人。他首先是一位机械师。未来的战争，也就是说，如果美国参加这种战争的话，将是机器之间，而不是活人之间的战斗。

不久，他又把问题说到了要害之处：

科学将把战争变换成一种可怕的东西，可怕得令人不敢设想。不用多久，我们几乎一按电钮，就能射死成千，甚至成百万的人。这种屠杀将恐怖得惨不忍睹，只能用机器来进行。

当有人谈到欧洲已经使用了如毒气和火焰喷射器等可怕的武器时，他的态度之含混，使当事人很难猜透他的意思。

人们问爱迪生对这些武器的看法时，他说：

这些东西用于防卫是无可指责的，但不能用来对别人发起进攻。一个人在保护自己时，有权抓、挠、咬、踢，但是，当他处于攻击他人的地位时，就没有这种权力了。

爱迪生的这些言论是在1915年秋去旧金山参观泛美博览会的途中及归来时发表的，他的话体现了许多第一次了解到战争真实含义的体面人物的思想特点。

快速生产战时物资

欧战对爱迪生企业的第一次影响，是石炭酸供应方面的问题。这种材料对于唱片的生产是不可或缺的。美国参战之初，爱迪生当时只剩下了10个星期的用量。为此，爱迪生立刻动手把蓄电池用的镍工厂一部分改装为石炭酸制造工厂。

那时大家只知道石炭酸是从石炭提炼出来的焦油，再进行蒸馏制成，谁也不明白详细的方法和设备。

爱迪生仔细研究了五六种生产合成石炭酸的方法，最后将其选择范围缩小到两种，又亲自将两种方法拿到实验室实验，结果选定了硫酸工艺。爱迪生与他的药剂制造商协商，问他们是否愿意建造石炭酸厂，为他提供原料，如果愿意，将在何时供货。

这些制造商非常谨慎，因为建造这样的工厂并无前例可循。爱迪生一再表示不会出现问题，一上马就能成功，没有发生故障的可能。

少数厂家表示要用7个月或8个月，甚至9个月的时间才能实现。多数制造商认为爱迪生的要求是不可能的。

爱迪生等不及，又亲自动手干起来。他组织了一个由他本人亲自率领的"日夜突击队"。

他聘请了40名化学家和绘图员，将自己的意图告诉他们。然后，把这些人分成三组，三班倒换，每组工作8小时。他自己也住在实验室，与手下人一起讨论、修改方案，只要有可能，就逐项进行实验。

爱迪生不分昼夜地工作，困了就在自己的办公桌上睡一两个小时。40名工作人员仅用一个星期，便将计划全部完成。然后，爱迪生在离奥伦治不远的银湖选定了厂址，刻不容缓地破土动工。

新厂投产的第 18 天，就生产了 700 磅石炭酸。成功带来的麻烦是他开始被掮客和代理人包围，争先恐后地要购买他的多余产品。其中有些人是需要苯酚制造药品，但也有些人却另有打算，因为苯酚可转为苦酸，而苦酸又是数种炸药的必要成分。

苯酚危机，当时只是此类化学药品危机的开端，接下去就是苯。爱迪生可以像解决输电问题那样随时解决战争期间的物资匮乏问题，于是，美国工业迫不及待地向他求援。

橡胶公司需要苯胺，不出几个月，爱迪生就从苯中提炼出这种物质。后来，又有人向他索求皮毛染色剂。这种被称为双胺染料的东西一直搞不到，就来打听爱迪生是否可以为他们生产一些，不久爱迪生给他们提供了全部染料。后来，有人要苯盐，他又为此建了一家工厂。爱迪生生产这些尚依靠进口的产品，几乎打破了德国在染料方面的垄断。多数愿意为世界万物提供灵丹妙药的圣贤既有智慧的一面，也有不足取的地方，爱迪生同样如此。有时，人们觉得他的讲话有不顾听众所好之嫌，尤其是在宗教问题上的表态。他内心总有两种倾向：寻求真理和避免得罪于人，二者总是在剧烈地冲突。

在他以往生活的 60 多年里，似乎很少考虑到这一问题。然而，在 1910 年，他声称，上帝对他来说毫无意义，这使广大美国人为之一惊。在 20 年以后，当有人问到他"上帝"一词对他具有何种意义时，他回答得干脆："什么意义也没有。"爱迪生太太听后赶紧补上一句说，丈夫指的是那个单词本身，而不是该词所包含的思想。

战争爆发后，爱迪生曾遭到侨居美国的德国人的攻击，指责他的行为是"违反中立"的。其实，到这时为止爱迪生再中立不过了，他相信，美国只要拥有合适的武装，就不用担心受到攻击了。爱迪生常常直言不讳，于是有的记者说"甚至连爱迪生先生这样善于逻辑思考的思想家，也在卷入'为和平不惜一切'的潮流之后变得糊涂起来"。然而，爱迪生仍主张建立纯粹用于防卫的武装力量。

积极投入海军防务

爱迪生担任美国海军顾问委员会委员长，的确激发了大家的积极性，但他对海军的最重要贡献还是在他自己的实验室作出的。

爱迪生的实验室中雇了 50 名巧匠，专制应用仪器。全体人员中包括青年工程师数名和实业机关及各大学所派的志愿专家。

1917 年 1 月，即在美国参战的 3 个月之前，爱迪生受丹尼尔斯之请，研究如果美国参战后，应作何计划，并借助何种新发明等。因此，爱迪生把自己的事务全部托付给了自己的副手和同事，并停止正在进行的其他实验工作，专心致力于海军防务，历时两年之久。

丹尼尔斯后来在为司考特的书撰写的序言中，说爱迪生"数月不离海军部，又数次巡行深海，就近实测，而谋解决诸要题。其实验每达相当程度，即呈明陆海军人员，候命而继续完成"。

1917 年 2 月，德国计划对英国实行封锁。德政府便下令恢复无限制的潜水艇战，对所有在战争区域内出现的中立国船只也会进行攻击。德国指挥部当然知道这样一来必将把美国推向自己的对立面，但他们想进行一次冒险，争取在美国进行总动员之前就把美国打垮。几个星期之内，又有几艘美国商船被鱼雷击沉，美国人民的生命及财产都遭受了严重的威胁。

在美国正式参战后，爱迪生打电话给普林斯顿大学校长，请他派四位物理学家来协助自己解决研究中遇到的问题。

卡尔·康普顿是被派来的人员之一，他写道：

刚见到爱迪生先生，还没来得及问好，他就拿出一支铅笔，给我描述海军顾问委员会交给他的任务是在不改变鱼雷航程和尺寸的情况下，通过改进鱼雷的推动装置，使鱼雷的药载量加大。

接着，他非常简要地介绍了一下这种鱼雷的研制历史和应该具有的性能，最后，爱迪生告诉我，等找到答案再来见他。

康普顿再次见到爱迪生时，他告诉爱迪生，为改进推动装置，他找到了三种燃料。爱迪生把这三种燃料全部推翻。第一种燃料只能从德国获得，无法采用。第二种燃料已做过实验，因为有爆炸危险，只好放弃。第三种燃料含有酒精，水手们会饮用，所以也不合适。

爱迪生看过技术细节之后，要康普顿去找执行同一任务的哥伦比亚大学的青年研究，看他们的结论是否相吻合。

爱迪生从海军方面获得了自开战以来被潜艇击沉的船只的地点和时间等材料。他根据这些资料，抽查出许多细节，将攻击的日期、时间、海路、港口及灯标位置进行归类分析，从中获得了惊人的发现：多数船只受到潜艇攻击的事件大多发生在它们战前曾航行过的路线上。另外有资料显示，夜间沉船只占全部沉船数量的6%，多数船只在白天穿过危险区。

爱迪生更注重以实验来证明，而绝不满足于推断。因此，他准备了一张上面绘有英格兰、爱尔兰、苏格兰的海峡和海岸的航海图。通过模拟，爱迪生他们提出，只要依靠某种方式，船只就可以安全抵达港口，只有少数几只船有可能被潜艇发现。

实验成功之后，潜艇带来的威胁也就不存在了。这是一项至关重要的创造，是在对潜艇活动的深入研究中得来的。

爱迪生有很多关于海战方面的设想：在离英国东海岸80公里至160公里的海域内设十几只浮标。每只浮标由三人管理，浮标上的人员都有足够 4 个星期用的食物和淡水，让他们等在这里监视这片海域，如发现潜艇活动，就用无线电报通知海岸。

爱迪生说，用无烟燃料可使轮船被潜艇发现的距离大大缩小。如果再去掉桅杆和烟囱，或将这些突出物伪装起来，被发现的可能性就可以进一步减小。

爱迪生针对舰船烟囱的浓烟设计了一种特制的面具，并亲自在一间充满了硫酸呛人气味的密室里实验面具的效果。他还设计了拦截鱼雷的网以及扩大舰队视野的潜望镜，甚至制定了保卫泽布勃赫港的具体措施。

爱迪生计划用无人驾驶的电动平底船，装满炸药，由陀螺仪舵控制方向，来巡视海面。

自从爱迪生受命于丹尼尔斯担任海军顾问委员会委员长以后，他实验发明所取得的成就，曾向美国政府申报多达 39 种发明成果。如窥听潜艇器、冲撞垫、用潜水测海深法、水下探灯、油质烟幕弹、减少战舰颠簸法、反光镜通信法、侦察敌人飞机法、船舶用电话、防止水花遮蔽测远器光路等。

这些工作实际都是爱迪生本人完成的，或是在自己的实验室，或是在海军基地，由官方派海军人员协助。

这些发明全都是防御性的东西，而非攻击性武器，从这里就可以看出爱迪生还是厌恶战争的。

人们已经一眼就可以认出爱迪生。他说话夹杂着年轻时代就有的淳朴的地方口音。他所说的警句含义深远，恰到好处，同时也是普通人所能理解的。他对勤奋工作、节制欲望和朴实无华的称颂，在美国各地引起了共鸣。美国人都把他称作民族英雄，他在战后的年月里变成了美国声名显赫的人物。

大战结束后，爱迪生是唯一获得海军部"特殊勋章"的平民。他在几年以后说："在战争期间，我作了大约40项发明；每一项发明都十分成功，可是他们一项也没采用，都闲置了起来。海军官员讨厌平民插手他们的工作。这些人开办的似乎是封闭公司。"

有一种说法是比较客观正确的，海军部只是想借用爱迪生的威望使公众相信政府。爱迪生后来也发现了这点，但他没有时间来抱怨，对他来说，某项发明只是他的生活组成部分，而非最后目的。在他一生中，他对发明只是"发明"而已，至于发明以后的事，他往往扔到一边不顾。

1918年11月，大战结束，爱迪生卸去海军顾问委员会的职务，重返研究所工作。

这时，爱迪生71岁，精神矍铄。

他自豪地说："我的祖父、父亲都活到90岁以上，我到90岁，还有20年，从事于新的发明，有的是时间。"

不朽人生

　　我始终不愿抛弃我的奋斗生活，我极端重视奋斗得来的经验，尤其是战胜困难后所得到的愉快，一个人要先经过困难，然后踏进顺境，才觉得受用、舒适。

——爱迪生

晚年的橡胶研究

爱迪生的朋友福特，曾在佛罗里达买了一座别墅，这座别墅与爱迪生的别墅相毗连，而爱迪生已先在这里住了大半年。福特曾劝爱迪生研究在美国的气候条件下培植橡胶植物，这对爱迪生来说完全是新的课题。

爱迪生听了福特的劝告，便在佛罗里达致力于培植许多种热带植物。他建立了一个实验室，组织植物学专家致力于选种和杂交。他本人却埋头进行植物观察，力图找到解决培植橡胶植物的某些实际问题的办法。

爱迪生了解到，在第一次世界大战前，橡胶问题已经尖锐化了。美国的汽车工业，在这几年发展得非常快。在橡胶缺乏的条件下，内胎和外胎的生产，是汽车制造业的薄弱环节。

汽车大王当时在巴西和利维里亚都拥有大量橡胶植物种植园。由于当地工人的工资低廉，他们获得了高质量的廉价产品。但一旦发生战争，把橡胶运到美国港口是很困难的。

所以美国最大的橡胶用户"汽车大王"亨利·福特和"橡胶工业大王"哈尔韦·费尔斯通，开始对这个与美国汽车工业发展密切相关的重要问题十分关切。

1924年至1925年，由于英国制定了限制从东南亚热带国家出口橡胶的政策，美国的橡胶价格又上涨了。福特和费尔斯通再一次建议爱迪生认真调查橡胶植物资源。

1927年，爱迪生成立了"爱迪生植物研究公司"，福特和费尔斯通为此提供了将近20万美元。

为了研究有关橡胶的各种文字的书籍，爱迪生就把通晓数国语言的语言学家巴鲁赫·焦纳斯招聘来，这样他就了解了300多年来所发表的有关橡胶的西班牙史料、葡萄牙史料、德国史料和其他国家的史料。爱迪生还派代表到各国去收集橡胶植物标本。

当时世界获取橡胶的主要来源是巴西的三叶胶。这种树马来西亚、斯里兰卡和非洲已成功地培植起来了。当时爱迪生还了解到在其他植物中，其中包括生长在亚热带、温带的杂草、蕨、蔓生种和灌木种中也含有乳状汁。

这些植物中的许多种是野生的，而且需要水分极少，它们能生长在荒漠地区和干旱地区。他还了解到，常青欧洲夹竹桃、观赏品种的芳香金银花和大戟，都能分泌出乳浆。

橡胶植物中有一种墨西哥银胶菊，它生长在加利福尼亚的南部，但由它制取的橡胶并不令人完全满意。

经过全面了解，爱迪生知道，橡胶植物中极少能具有一年到一年半就收获一次的特性，而其中许多品种种上5年之后才能收获。

在这个前提下，爱迪生选择了能在美国的气候环境中生长的橡胶植物，而且每隔一年到一年半就能收获一次。

爱迪生通知福特，已收集了3000多种生长在美国中部地带的野生植物和灌木，其中7%能产生出各种性能的和数量不等的优质乳浆。

这些植物中的"一枝黄花"，即邓黄花引起了爱迪生的注意。

这是一种普通的高茎多年生植物，有一个开满金黄色花朵的圆锥

花序的花冠，它的含乳浆量平均为5%，而"一枝黄花"的变种为数极多，它们的含乳浆量达到12%。这一结果鼓舞着福特在佐治亚州买了一大块地来种植"一枝黄花"。

爱迪生的初步实验表明，每公顷"一枝黄花"可以获得125公斤到200公斤乳浆。但这种橡胶的质量比进口的橡胶差，而每公斤的价格却要高出4美元，应当继续进行研究。

然而，从1929年起，疾病却使爱迪生不得不停止了工作，不能再像以前那样紧张地进行研究了。

爱迪生本人深信，他能达到预期的效果，只是需要时间。按他的计算，大概需要5年时间，但这时他已82岁，年老体弱使他力不从心了。

造福人类的发明

电笔是1876年爱迪生在门罗公园的第一项发明。

爱迪生在研究自动电报机的时候想到了，要力求做到使接收端不用报务员，而传输来的脉冲可以用金属笔或金属尖画到特制的纸条上。爱迪生认为，要使拍发速度提高，就需要有一种特殊的纸，这种纸要能够以这种快速度穿过该机件而不断。

经过2000多次实验爱迪生才制成了这种质量的纸，这是一种涂有特殊混合物的蜡纸。这一研究成果，导致了对在各种日常生活和食品工业中广泛使用蜡纸或石蜡纸的研究。

测微温湿计是爱迪生在1878年的夏天，作为天文考察团成员的身份前往怀俄明州的前两天完成的。这种仪器的灵敏度很高。都柏林爱尔兰学院的教授乌·弗·巴列特给爱迪生写信说，他进行了实验以便查明测微温湿计的灵敏度。结果，测微温湿计发现了在几英尺远的地方燃烧的雪茄烟。

如果把灵敏度很高的电流计接到测微温湿计电路上，那么该仪器就可以测出距离8英尺远的人体温度，而瓦斯灯的火焰在近100多英尺的地方就能测出。

爱迪生对声音信号和说话声的扩大很感兴趣，并发明了气动扩音器和爱迪生扩音器。气动扩音器是一种不破坏言语的清晰度而把声音放大的机器。

爱迪生预计，这个仪器将得到某些重要的应用。列车用这种仪器沿途能呼叫车站，轮船在公海里能够互相通话，灯塔能够告知危险。爱迪生是这样形象地描述气动扩音器的：在大城市里，一个仪器就能高声而又清楚地宣读独立宣言，所有的市民一个不漏地全部能听到。

荧光镜发明于1896年。因为射线只能穿过软组织，而穿不过骨头，因此射线能用来对内部器官进行透视和摄影。爱迪生对这一问题的研究规模特别大：曾对近8000多种不同的化合物进行实验。当时可以设想到，这会需要很长的时间，但研究工作进行得井井有条，所以效率很高。

爱迪生从开始研究起总共没过了几个星期，就造出有钨酸钙荧光屏的荧光镜样品，并马上给胳膊被枪弹打伤了的人拍摄光照片，随后的外科手术就进行得很顺利。

1880年的一天，纽约先驱报社的社长戈登·贝内特曾访问过爱迪生，谈话中贝内特社长问道："爱迪生先生，人们说你是魔术师，那么，你能想办法使人飞上天吗？"

"我想我能做到，只是我太忙，抽不出时间研究而已。意大利的达·芬奇早在400多年前就想到，让人在天空飞行，甚至连设计图也画好了，我记得我少年时代曾在图书馆看到，就像鸟的翅膀，当然很简陋。"

"此后，就没有人研究吗？"

"俄国人罗蒙诺索夫研究过了，英国也有学者发表过飞行理论的论文。"

"真的吗？这些我一点儿都不知道。"

"我想在不久的将来，人就可以像鸟一样在天空中自由飞翔。"

当贝内特离开后，爱迪生便画出了一份设计图，样子很像今天的直升机。采用两片螺旋桨，借助引爆纤维火药发生的反动力，使之快速运动，然后腾空飞起。

飞机设计图交给机械工厂，飞机很快就做好了，并且在研究所广场实验。当装有带状纤维火药的金属喷出管被引爆时，突然间发生强烈的爆炸，破坏了整个机体，残片从爱迪生身边飞过，幸好未伤到他。

研究所的同事们力劝爱迪生中止这项研究，但爱迪生没有听从他们的劝告，继续研究，爱迪生成功地研制了火药推进装置。而今天我们使用的喷射机，采用的就是爱迪生的这项发明原理。

有一天，爱迪生忽然大声笑着对朋友说："我所涉及的发明太多了，我好像已迷失在那众多的发明里。"

确实，在现代的重要发明里面，几乎可以说，没有一种是他没有参与的。不过，即使是大发明家，也不可能每一件事都成功。再说，爱迪生的做法，是同时进行许多种发明。当他发现其中较重要的发明快要完成时，他就贯注全力到那件事上，而把其他的研究在中途搁置下来。

爱迪生被誉为"发明大王"，确实当之无愧，到1910年为止，他所获得的发明专利权，就达到1328件，这是个惊人的数字。

不朽的成功秘诀

爱迪生是他那个时代最伟大的天才。但当爱因斯坦等科学家称他是"发明的神灵"和"能生产的天才"而把他列为世界伟人的时候，他感到不以为然，他甚至对天才两字感到憎恶。

他说：

> 将自然界的奥秘取出来运用在为人类谋求幸福上，在我们人世最短暂的过程中，我不知道还有比这更高的人生价值。

> 天才就是百分之一的灵感加上百分之九十九的汗水。

他对那些称赞他是天才的人反驳说："这完全是假话，艰苦的工作才是实在的。我的发明是靠实践得来的，绝不是什么天才。"

爱迪生在谈到他的创造发明时说："倘若一个人过去没有成功，不足以表扬自己。那么请他埋头工作，免开尊口。我深信实事求是。"

他还说：

> 我的人生哲学是工作，我要揭示大自然的奥秘，并以此为人类造福，这是度过我人生岁月的最好方式。

当有人问起爱迪生的成功秘诀时，他说："要干，一直干到底，不成功决不罢休，要有毅力才行。"

爱迪生是一个热衷于劳动的人。在其漫长的一生中，从来没有让自己放下工作哪怕短时间地彻底休息一下。假如由于某种原因使他不得不在工作中进行短暂休息的话，他也是一面工作一面休息，而且是一没有事可做他就苦恼不堪。

他收到了朋友们要他进行天文观察以便得到休息的邀请。他接受了这一建议，但却随身携带了他所发明的仪器即测微温湿计。他不是来休息，而是来实验这个仪器的性质。

他来到他的老家大西洋海滨进行休息的时候，他就致力于研究海沙中发现的黑色粒子，对这种含有铁矿的成分的研究，使他研制出了磁选矿法。

爱迪生在寻求他从事研究发明所必需的东西方面，表现出了坚忍不拔的顽强精神。只有当他完全确信继续努力徒劳无益的时候，他才会放弃。但是即使在这种情况下，他也并不为花去了许多时间和钱财却没有得到应有的良好结果而表示惋惜，而是毅然采用新的研究方式和方法。

爱迪生在没有了解到某方面的全部知识之前，从来也不开始任何研究工作。他重复进行前辈所进行过的实验，力求从中尽量得出最有益的结论，然后他才展开他自己的实验，尽管这种实验通常都是规模很大的，但他完全不考虑花多少钱。

如果实验没有获得他所希望的结果，他并不就此停止实验，改变研究的方向和方法，而是以特别顽强的精神竭力要获得应得到的结果。

在爱迪生的各种不同的研究工作中，有一些没有充分的科学根据，或是在爱迪生以前还没有成为研究对象。爱迪生就是在这些条件下开始进行大量实验，提出了许多自己工作上的假说，这些假说主要是当所深入研究的问题已超出技术本身的范围时才作出的。

爱迪生从来不单单研究某一问题。在他活动的每一个时期，他都把他的主要注意力集中于主导的工作，并同时还要做或是处于准备阶段或是处于研究阶段的另外一些工作。甚至在白炽灯研究工作正紧张进行的时候，爱迪生还致力于电力牵引方面的实验，研究着电机并为磁选矿组织制造工业装置等工作。

爱迪生本人的工作效率非常高，他也要求他的助手们节省时间快速工作。爱迪生在其各个实验室所实行的计件工资制，激发起了人们的干劲，大大提高了工作效率。

爱迪生在体力上很有耐性，所以他要求他的助手们也要有这种耐性。在必要时，他就要迫使他们连续不断地工作许多小时，因此也只能抽点工夫睡觉。

爱迪生的绝大部分助手在几十年期间都能不断地与他一起工作，并经过了实际锻炼，从中形成了大批"爱迪生式的发明家"。是友谊和劳动、快乐和失望使他们与爱迪生紧紧地联系在一起的。

爱迪生是一位乐天派，跌倒了以后，他一定马上就爬起来，拍一拍身上的尘土，又继续朝着目标前进。由于他这种乐观的个性，使他在经历了一次又一次失败的实验后，终于能够获得最后的成功。

无悔的壮丽人生

爱迪生的几位同事于 1918 年 1 月 24 日创建了"爱迪生先驱会"。起初，这一组织仅限于那些曾在门罗公园与爱迪生共过事的人们，后来又扩展到于门罗公园以后加入爱迪生公司的人，但他们只能作为"荣誉"成员。因此说这不过是象征性的扩大。

每年在爱迪生的生日这天，这个组织的成员就会在一起聚会，他们如同独立战争以后华盛顿的下属们一样，忠诚不渝之心不减当年。又像纳尔逊手下的舰长们和亨利五世手下的骑士们那样，他们作为一个整体，共同走过了伟大的历程。

爱迪生的门徒，表达了全美对爱迪生越来越深厚的景仰之情，事实上，在爱迪生生命的最后几年，对他产生景仰之情的人们已遍及世界各地。

至此，他不仅具备了一位伟大人物所应具备的光辉记录，而且还具有他的个人特征。

十几年后爱因斯坦的形象家喻户晓，而现在人们一眼就可以认出的乃是爱迪生。作为民众英雄，这已是最高的表彰，因此，爱迪生在战后的年月里变成了美国声名显赫的人物，是不足为怪的。

爱迪生在晚年仍像青年时期一样，一刻不停地从事着各项发明。当他 80 岁高龄时，还在工作。

年迈的爱迪生只要有空便外出旅行，尤其是在夏季，他都要进行为期两周的野外露营。在这种旅行中，常有亨利·福特和博物学权威约翰·布朗博士参加，有时连哈克总统也会来凑热闹。

爱迪生除了必要的旅行之外，他还在不停地工作着。年过七旬后，人们说服他减少工作量，可他每天仍干 16 个小时。

爱迪生在 81 岁那年来到了佛罗里达，在他起程的那天，纽约的友人们在阿斯托饭店内为他举行了一个盛大的宴会，但他本人却不能出席。他从迈尔斯堡发来了一封电报："工作给我带来最大的快乐！"

爱迪生刚从佛罗里达别墅回来的时候，显得精神很饱满。他说："我至少还要干 15 年，到 100 岁才能退休。在退休以前，我要把我脑子里的概念，全部研究完成。"

当时，他仍旧在做着从空气中抽出氮的研究，但大部分的时间，却用在了从杂草提炼橡胶的实验。凡是可以提取橡胶的植物，他都拿来实验。

在这几年里，爱迪生的兴趣一直集中在橡胶上。就是在家庭里面，一切也都以橡胶为主。谈论橡胶，思考着橡胶的事，还做橡胶的梦。爱迪生不许自己脑海有其他的念头，因为他觉得这个工作还没有完成呢。

他除了现在所从事的工作外，对其他事物都不看、不听、不想、不做。你如果能想象得出，以最高的忘我状态生活的人，那就是爱迪生在工作时的神态了。

爱迪生是个喜欢寂静的人。每年冬天，他都要在迈尔斯堡生活几个月。但在其他时间，他还是留在西奥伦治的工业争斗中。虽然在一天当中他还是习惯无规律的小息，虽然在小息之后人们仍然看到他像半个世纪以前那样忙忙碌碌，但这已是神话，而不是现实了。

他确实还牢牢地控制着西奥伦治唱机工业和其他工业。有时，采访者会贸然问到他准备何时退休，爱迪生的回答有两种方式，其一是："葬礼之前。"其二是："当医师搬来氧气瓶的时候。"

当有人问他打算如何度过晚年时，他竟不理解地说："不应该想如何安度晚年，我现在精力还相当充沛，应该继续勤奋工作。"

一直到此时，他仍然保持着发明家的精神。其中一例就是"爱迪生考题"的"发明"。

这种考题，是为申请在该公司工作的人定的。它受到了赞扬，也招致了谴责，几乎是褒贬各半。考卷一共包括150道题，这些题只有一个共同的地方：就是均与工作内容毫不相干。加之许多问题之间也毫无联系，为此爱迪生受到了措辞尖锐的攻击。

《科学美国人》的记者对爱迪生进行了连续采访以后，登出长篇文章。爱迪生的解释是，除了考试，用其他方法录用的经理人员很难称职。

他说："于是，我下决心要进行一种有效的测验。问题是我们要考查什么？作为经理人员，最重要的特征应该是什么？"

他回答："应该是记忆力。"他继续说，"当然，不是说记忆力好的人必然就是好经理。也许有的人记忆力超群，却不能担当讨价还价的重任。但是，如果他的记忆力好，那就具备了一个基本条件，其他条件都在其次。"

爱迪生的测验内容大都是一般常识。他接着说：

> 当然，对于某人是否知道内华达州的首府是哪，胡桃木出自何处，廷巴克图在世界的哪一角落，我并不关注。对于他是否知道德斯姆林斯、巴斯克尔和基特·卡尔森是谁，我也不在乎。但是，如果他们以前知道这些，而现在已经忘记，那么我就要考虑是否雇用他了。因为，他能忘记这些事，将来与他工作直接相关的事也就有被忘掉的可能。

通过考试，爱迪生得出了两个结论。

其一，人们的教育水平与职业要求相去甚远。在首次测验的718名考生中，只有57人达到了"良"的标准。

其二，这种考试确有成效。

他所雇用的那些成绩较好的人后来都成了出色的经理，而未通过考试雇用的人，都不能胜任经理之职。因此，就爱迪生本人而言，已对考试作出了肯定的结论。

香兹描述了考试的经过：

我们被带到实验室的三楼，坐在一条长长的、未经刨光的木桌前，发给的油印考卷，上面留着答题的空行。我们的考试延续到中午，总共不到两个半小时，我们要完成150道题。

那些涉及技术数据和化学方程式的问题，只要读过课本的人，都可以答出。有些题是数学游戏。有些题的内容是问某文章的作者、某事实的发现人。

另一些问题要求作出判断，如："假如你是推销员，你发现一位潜在的顾客带了一位合唱团的姑娘出去调情，你将通知他的妻子吗？"

还有个问题涉及扑克牌，香兹觉得正确的答案似乎应是："我不玩扑克。"

香兹后来被任命做监工，工作时间不受限制，只负责工厂的一个车间。但作为爱迪生的耳目，他要随时提出改进生产的建议，并将偷懒或效率低的现象上报。

香兹说："监工，我就干了30天。到了30天之限，我决定不再为自己树敌，而且也意识到再无新的建议可提，于是就辞职了事。"

然而，在20世纪20年代。渴求成为爱迪生手下监工的青年大有人在。这也是非常自然的，因为爱迪生当时正受到世界各地人们的崇拜，能够在他的轨道上运转，对于这些年轻人来说乃是一种骄傲。

爱迪生已成为当代新闻人物的先驱，对任何问题他都有自己的看法，而且他也是最易接近的采访对象。

过去，他曾向人们解释自己最新发明的前景与意义；现在，他又无时不在试图应付世界和人类的有关问题，而且还像以前的技术发明那样，早已有所预见。

爱迪生不仅判断出今后大城市将出现交通阻塞、人们的工作日将日趋缩短及因此而产生的娱乐问题，而且在1922年，他有关原子能的预见，也要远胜于大多数人，甚至大多数科学家。

卢瑟福只把原子削了个边，而未能使其分裂。不出3年，爱迪生就在自己的日记中写道："原子能终有被发现的一天。其实，我已经在自己的实验室里日益增长的有关资料进行了试验，就原子能而言，目前还没有希望作出更多的预见。"

爱迪生仍然对一切都感兴趣。一位记者吃惊地获悉，他又开始研究以太。

爱迪生说：

> 进行这项研究是为了消遣。我只是阅读有关文献，了解一下其他人的想法，其他人公布的资料和他们的发现。目前，有关以太的结论是否正确，我还不能断定。
>
> 如果爱因斯坦能够在空间、时间和几何形状问题上作出新的发现，那就更说明现在人们对以太的认识还没有最后完成。不过，当前我什么意见也不能发表，因为我手头的数据不足。没有数据，我说的是全部数据我就无法工作。

74岁的人了，拿研究以太作为消遣！还说要有全部数据才能着手工作。可见爱迪生的乐观精神是多么可贵。

当《纽约时报》记者请他评论今天美国的经济形势时，他毫不犹豫地说："你是不是那种大喊危机的人物之一？"

他说，毋庸置疑，美国的经济状况是"有些紊乱"。但"只要有毅力，有决心，靠艰苦的劳动，是可以使它走上正轨的。不要称之为恐慌。这只是一段萧条而已，用不着担心，只要我们坚定不移地克服困难就成"。

在这类问题上，虽然人们重视他的意见，可是他的"新币"计划，向将产品存放于政府仓库的农民和其他生产者偿付一种代用币，却被专家们不加考虑地指责为超出了银行管理的实际可能而抛弃。

有关爱迪生对"上帝"的真实态度，从他拒绝离开实验室陪妻子去教堂一事就可以看出，他说："我不去。你去吧，去拼命地为我们的成功祈祷。"

1918年以后，爱迪生的思想从无神论变成了不可知论，这种变化虽是短暂的、微妙得难以描绘的，然而却是实实在在的。由于第一次世界大战造成了数百万人死亡，所以战后社会上曾出现了一种唯灵论的思潮，这使爱迪生突然对人死后的境界发生了兴趣。另外这也与他的高龄有关，此时，他已经年过七旬。

首先引起他注意的就是据称能使那些"死去"的人与世人通信的欧加板。

爱迪生对这种东西并非持反对态度，相反由于他认为这种装置科学程度太差，应该有一种更好的设备，自己也动手制作起来。

不久，法国有位作家让爱迪生建起一座与死人联系的电报房，谁愿意与已故之人联系，这里就可以及时地为他服务。爱迪生对《科学美国人》来访的记者表示：

> 我并不认为人死后的灵魂会到另一世界或别的星球。因为我对此一无所知，所以也不能作出什么论断。这一问题，任何人都无从了解。
>
> 但是，我的确相信，我们可以造出一种极其敏感的装置。假如另一世界或星球果真有打算与我们发生联系的灵

魂，这种装置至少比敲击板、欧加板和其他一些被宣称是唯一能进行联系的设备或方法更加有效。

他所设计的其实是像阀门一样的器具。在现代电厂里，用八分之一马力的功率，才能转动一只具有5万马力的汽涡轮机的阀门。

爱迪生的装置，只要轻微地用力，就可以被放大无数倍，并能成功地录下用力的效果。

爱迪生对《科学美国人》透露说，他的一位同事在研制这种装置时去世了，所以"如果人死后当真有灵魂存在，他将是第一个使用这种装置的人"。

然而，自此之后，人们再也听不到爱迪生讲述自己与灵魂联系的事情了，有关这方面的问题，只能从许多访问记和文章的含混不清、常常是互相冲突的说明中去自己判断。其中最能表明爱迪生态度的，是《论坛报》上发表的一篇文章。在这里爱迪生虽然没能回答人死后是否有不朽的灵魂，但却简明扼要地叙述了自己在生命即将结束之际的信仰。

在爱迪生称赞过"登山空训"之后，便坦白地说："这个教义，我实在看不出有什么意义，从个人来讲，我感到非常惊奇，为什么许多具有理智的心灵却那么信赖这种东西。"

对于靠祈祷就能获得亡灵信息这一点。他表示怀疑，但却肯定"生活的祈祷"会获得成功。爱迪生说：

对于少年和成年男女，若能使之确信，如果他们不是正大光明、诚挚无瑕的话，如果他们不是与人为善，不去遵从金科玉律的伟大训诫的话，他们就永远不会幸福。总之，你也可以取得宗教训导所取得的全部效果。

作为自然科学的研究者,爱迪生继续探索着大自然的各种奥秘。如"橡树叶""松鼠为过冬而觅食的繁忙活动""雪花那无法描述的美丽"等。他认为这些实际问题,比"所有神学教育的课本"给人的启示更深。

关于人的死亡问题,在爱迪生的私人信件中已有明确表示。他在读过约瑟夫·刘易斯的《上帝的暴政》后,给作者写信说:

> 我和你一样,都认为死能结束一切,但我还不能对这种观点给以最后肯定。因为许多事实似乎表明,生命的单位好像不是动物这个机体的本身,而是一组组生活在可见细胞中的数百万小实体——动物只是为小实体提供环境的机体。
>
> 当这种机体停止运动,也就是说,当死亡来临时,这一组组小实体就会脱体而出,进入下一期循环。
>
> 每个小实体都具有高度的组织性,都在发挥着它们应该发挥的作用。如果这种说法不无根据的话,那我们就仍然有挣扎的机会。

20世纪20年代,爱迪生获得了崇高的荣誉。他还是像以前那样不断接待来访的记者,还是严格地保持着自己在西奥伦治的工作习惯。

国会金质奖章固然使他惬意,但和纽约及其他大城市灿星般的灯光相比,后者才是他的最大欣慰。

虽然为时过晚,但爱迪生终被选为美国科学院成员。会说话的机器的原始模型早于半个世纪之前就问世了,可是在已经成千上万地投放市场出售的今天,它才把爱迪生引进了科学院。

像许多年过70岁的老人一样,爱迪生也是旧习惯几乎一成不变。爱迪生每天8时吃早点,这早点包括半杯葡萄酒、一杯咖啡、一块烤面包。

用完早餐，他便驱车去实验室，阅读某项工程的负责人写来的报告，然后处理自己手头的研究工作，一般要工作到很晚才回家，在天黑以前驱车返回的情况极少。

在鸡毛蒜皮的小事上，他越发变得不容人。如果家里有人看了他的《纽约时报》，就是小心翼翼地叠好放在他的茶盘边上，也会招来一场训斥。

爱迪生太太坦白地说："《纽约时报》必须得像报童送来时那样叠得好好的才行。如果页码被翻乱，或是他发现有人跑在他的前头看了这份报纸，爱迪生先生就要追问是谁动了他的《纽约时报》。这是他最容易发火的事情。"

爱迪生也常为生意上的事情去纽约和芝加哥，但他仍像早年那样极力回避固定形式的宴会。因为耳聋，他听不到别人的讲演，而且，他也讨厌穿上考究的衣服出现在大庭广众之中。

在自己的饮食和健康问题上，他依然是我行我素。年过八旬的爱迪生，在身体欠佳的情况下，还得别人一再劝说才去找医生。

当医生建议他要严格控制饮食时，他就自己摸索起饮食规律来。他详细地分析了各种食物对自己身体的影响之后，把有可能给身体带来麻烦的饭菜通通砍掉，宣布自己将采用一种饮奶疗法。

81岁时，他患了肺炎，但坚持用散步与睡眠的办法治疗，拒绝服用任何药品，并顽固地认为睡眠也会根治他的不适。

1929年秋，爱迪生的身体已初步康复，并参加了由亨利·福特发起的一次很有意义的纪念会。

10年以前，在与《芝加哥论坛报》之间的一场诉讼中出庭作证的福特曾经说过："历史是无稽之谈。"

现在，随着时光的流逝，他已改变了自己的看法，在这段时间里，他亲自创建了一座规模巨大的历史博物馆。

当福特完成这项工程之后，历史已不再是埋藏在书本中的乏味的东西，而是变成了可以通过观察实物，给人启迪，发人深思的活的教材。

他在迪尔本市总部汇集起了足以说明美国崛起史的各种机器设备。他从莱特兄弟创造载人飞机的俄亥俄州德恩顿弄来了莱特兄弟自行车车间的模型。他又把路德·伯班克在圣罗莎的办公室搬来。

接着，他突然想起，1929年10月21日是白炽灯的50周年纪念日。为此，通用电气公司本来计划在斯克内克塔迪的总部举行庆祝活动，但是，由于他们事先没有通知爱迪生，所以，当老朋友福特提出要在迪尔本举行"电灯黄金年狂欢节"活动时，爱迪生高兴地接受了福特的邀请。

作为庆祝活动的一部分，福特的历史博物馆定在狂欢节这天开幕。博物馆最主要的展出内容之一就是复制的爱迪生在门罗公园的实验室。

1928年9月，爱迪生参加了历史博物馆的动工仪式，并将他的脚印留在了软水泥上，还在旁边写下了自己的名字和日期。13个月之后，他又回到了这里。

当爱迪生走进展出复制实验室的四角形建筑之后，不禁大吃一惊。他的实验室就矗立在眼前，周围白色的篱笆，与50多年前在门罗公园实验室前扎的那道篱笆一模一样，难以辨别真伪。

这件展品可谓杰作，连铺在地面上的土，也是用数辆卡车从门罗公园远道拉来的。爱迪生看后叹道："还是新泽西那可爱的黏土。"

爱迪生走进模型，来到复制的第二层实验室时，身后跟的是福特和爱迪生当初在门罗公园的几位同事。其中，弗兰西斯·杰尔此前正在欧洲，福特的人发现了他，便邀他一起乘船渡过大西洋，请他在这次展览中充当一位角色。

《底特律自由新闻》的记者写道：

当爱迪生走到一把椅子前坐下时，他身边的人都原地不动，离他十几英尺远。大家保持着肃静，参观者们好像是一致意识到了此情此景的庄严；意识到了他们面前这位82岁老人的回忆正潮涌般的一幕幕地展现在眼前。

他坐在那里一声不吭，双手交叉，显出一种无法描述的孤零零的样子。这是一种天才的孤零，他活得比同时代人要长，在这个世界上，已经再没有同人能与他分享此时此地的境界、思想和感情。

大约在5分钟，也可能是10分钟的时间里，这种情景没有受到任何动静或动作的干扰。只有爱迪生不时地四下张望，他的双眼噙满了泪水。后来，他清了清嗓子，才打破了"实验室"的沉寂。

福特显然在这次展出的细节上花费了巨大的功夫。当他将用垃圾堆里拾到的碎片复原的爱迪生曾用过的饭钵指给爱迪生看时，爱迪生表示整个建筑及其内部陈设准确到了十分之九。

福特听了心里颇不是味儿，就问什么地方不对。

爱迪生回答说："我们当时的地板从来没这样干净过。"

21日上午，当印有最早的电灯的特种纪念邮票开始发行之时，胡佛总统偕夫人来到了迪尔本。

爱迪生和妻子前往迎接，他们一行乘坐19世纪的以木头作燃料的列车前去福特历史博物馆。这是一个盛大的集会。在美国乃至全世界没有哪一个平民享受过这样的盛誉，各式各样的人物，金融家、政治家、科学家、商业巨头、火车站长、大学校长、艺术家、戏剧家等都来为他祝贺。

在短暂的旅途中，爱迪生重温了自己童年的生活。他拿了一只列车服务员的篮子，用微弱的嗓音向他的同行者吆喝着"糖果、报纸"，他仿佛又回到了童年。

总统搀扶着老态龙钟的爱迪生下车后，他们参观了福特历史博物馆。

晚上，大家被安排到"实验室"，观看已经准备好的表演。当客人们在昏暗的灯光下走进"实验室"时，全美有数百万听众早已守在收音机旁，等待着收听现场播音员的实况解说，因为爱迪生将在这里举行一次他在半个世纪以前的戏剧性的关于电灯实验的表演，只是规模比当年稍微逊色。

弗兰西斯·杰尔预备好了真空泵。坐在泵旁的爱迪生命令道："开始，弗兰西斯。"

一会儿，随着压力的增大，爱迪生起身接通电源。电灯开始发光，并且越来越亮，直到亮如白昼。

与此同时，附近的电灯都刷地一下全部打开。同样，美国各地的数十座城市也为纪念爱迪生的功绩而让所有电灯大放光明。

但是，这位天才熬到庆祝活动最后的宴会时，在大厅的入口处几乎瘫倒在地。

只是经过爱迪生太太的多方劝说他才走了进去。桌子一端的上座是给胡佛总统夫妇准备的。总统夫妇执意让爱迪生夫妇坐首席。

这天晚上，英国太子和德国总统冯·兴登堡发来了贺电。来电祝贺的还有探险队长理查德·伯德，他当时正坐在南极美国基地的冰天雪地里。同时，电话也从德国传来了阿尔伯特·爱因斯坦的表达祝愿的声音。

爱迪生在宴会上简短地讲了几句，讲话结束时他向亨利·福特致意。

爱迪生说："我只能用一句含义最完全、最恰当的话告诉大家——他是我的朋友。祝诸位晚安。"

正如人们所料，因为身体不好，他的讲话不会太长。但却没有想到，讲话刚一结束他就倒在了椅子上。大家把爱迪生扶到隔壁房间，

给他打了肾上腺素,休息了一阵他才渐渐好转。

迪尔本之行过后,爱迪生的身体每况愈下。但并没有迹象表明是庆祝会给他带来身体上或精神上的紧张而导致了这一情况。现在,他去工厂的次数减少了,工作时间也比以前缩短了。他干活的地方已不是原来的实验室,而是格伦蒙特的一个房间。

他每天下午驱车出行的路程也不如以前长了,对工厂事务的控制权也渐渐转让给了自己的助手。

从1930年到1931年,他还坚持着尽量由自己为公司作出决策,可见爱迪生昔日的精神并非荡然无存。

1931年6月,正当美国处在大萧条的低潮时,他还向在大西洋城举行的一次电灯会议发去了热情洋溢的电报。爱迪生说:

我要对你们说的,是要勇敢些。我度过了漫长的月岁,见到了历史在不断重演,工商业的多次萧条。但每一次萧条过后,美国都变得更加强大,更加繁荣。

你们一定要像自己的父辈那样勇敢。坚定信念——勇往直前。

1931年9月,爱迪生的病情进入危险期,但他又一次渡过难关。10月4日,医生断定他的病是无法挽救了。

胡佛总统关照每天把爱迪生的病情用电话告诉他。大批的慰问信和电报不断地送进爱迪生的卧室。

迈尔斯堡的商会决定把10月4日即星期日作为祈祷爱迪生康复日。

9天过去了，爱迪生滴水未进。在120个小时中，他只饮过6小匙梨汁。爱迪生陷入了昏迷状态。

临终时他说："我为人类的幸福，已经尽了心力，没有什么好遗憾的了！"

10月8日凌晨，爱迪生走完了84年的辉煌人生旅程。

胡佛总统在他的追悼会上曾说：

所有的美国人，都接受了爱迪生的赐予。他凭着天才和努力，终于从一个报童、报务员，高升到人类领袖的地位。即使如此，他仍然很谦虚、和蔼，并具有坚忍不拔的精神。

他的一生告诉我们：在民主的制度下，凡是有志气的人，他的机会必定是均等的。这一个事实，将不断地鞭策后辈子弟们追求上进。

这就是爱迪生留给后世的遗产。他以亲身的经历启示少年朋友，任何人只要怀着爱迪生那样的诚心，像爱迪生那样努力，必能达到他的目标。

这位发明大王的遗体葬于靠近他在西奥伦治家中的大橡树下。葬礼结束时，美国各地的电灯熄灭一秒钟，以表达对这位"电灯之父"的沉痛哀悼。

附 录

我的人生哲学是工作,我要揭示大自然的奥秘,并以此为人类造福。我们在世的短暂的一生中,我不知道还有什么比这种服务更好的了。

——爱迪生

经典故事

节省时间多做事情

一天,爱迪生正在实验室里工作。和他一起工作的还有一个助手。

爱迪生像是忽然想起什么,便递给助手一个没上灯口的空玻璃灯泡,说:

"你去量一量灯泡的容量。"

说完,爱迪生就又开始埋头工作了。

过了好些时候,仍不见助手把灯光的容量告诉他,他便迫不及待地问:

"容量多少?"

他没听见有人回答,便转过头来。

他看见助手正在拿着软尺测量灯泡的周长、斜度,并拿了测得的数字伏在桌上计算。

他说:"时间,时间,怎么费那么多的时间呢?"

爱迪生走了过来。只见他拿起那个空灯泡,向里面快速斟满了水,交给助手,说:

"里面的水倒在量杯里,马上告诉我它的容量。"

助手按照爱迪生的方法,立刻就读出了数字。

爱迪生说:

"这是多么容易的测量方法啊,它又准确,又节省时间,你怎么想不到呢？还去算，那岂不是白白地浪费时间吗？"

助手的脸一下子红了起来。

爱迪生喃喃地说：

"人生太短暂了，太短暂了，要节省时间，多做事情啊！"

发明带来魔力

1877年秋天的一个早晨，爱迪生从美国一个叫梅罗国的地方，来到纽约一家杂志编辑部办公室。

他的手里正小心翼翼地捧着一个奇形怪状的小东西。

这小东西上面有一根长长的金属杆，一端有一个大点的轮子，另一端有个小把手。

爱迪生将小把手摇转，然后把一小张锡纸裹上圆筒，再装上一根小针，对着圆筒唱了一句婴儿催眠歌。

当他所有的动作完毕后，机器又重新转动起来。这个神奇的机器竟然一字不漏地把催眠歌重新唱了出来。

当时在场的人的第一个反应，仅仅形容说惊异是不够的了。人们大乐不支，所有编辑部的人都互相大声转告，说爱迪生带来了一架会说话的怪物。

在短时间内，市内各家报馆的新闻记者像潮水般涌来，都争着要看一看这个在世界上最新奇的机器，一时把报馆挤得水泄不通。

这一发明一经传出，激起了当时社会急速而巨大的狂热，达数月之久。

铁路特开专车去参观。许多人开始不相信这个发明，疑心他是先在里面藏了个什么会说话的东西骗人的。

有个教堂的主教用最高速度对着收音盘背诵《圣经》中的一串人名，当这些名字一字不漏地从机器中重复发出来时，他们才相信这东西没有半点虚假。

这就是世界上第一架留声机问世时的情景。

成功的秘诀

爱迪生在 73 岁以前从未好好睡过一次觉；即使到了晚年，他每天的工作时间仍不少于 16 小时至 18 小时。

爱迪生一旦搞起实验来，就忘记了休息。

只有当他偶尔实在感到疲乏坚持不了时，才稍事休息一会儿。因此，他也非常喜欢和他有同样精力的人当他的助手。

这一天，有个自称是无眠的人来到他那里请求当他的助手。

爱迪生对这人很感兴趣，认为这个人是他最理想的助手。于是便和这位"无眠者"一起工作了。

可是，在连续工作达 60 个小时后，这位无眠者再也支持不住了，倒头便睡。连机器发生故障、发出巨大的轰鸣声响也未惊醒他。而爱迪生却仍在不知疲倦地工作着。

在当时，爱迪生不倦工作的精神是远近驰名的，许多人非常羡慕他。

有一天，爱迪生接待了一位来访者，这位来访者一定要他这个"妖魔人物"介绍一下不倦工作的秘诀。

爱迪生觉得好笑，因为他不倦工作本来是没有什么秘诀的，便顺口说了一句笑话，告诉那位来访者说："每天早上吃一只兔子或许能行。"

那人信以为真，起身告辞，回去后果然照此办理。可是，6 个星期以后，这个人已经累得大病一场，起不来床了。

爱迪生从不讲究修饰自己，他时常穿着破旧的被化学药物染污了的衣服，他这种习惯一直保持到老年。

平常人都以为他是伙夫，报纸也常刊载讽刺他的文章。然而，这也恰好证明他把全部心血和精力都倾注在科学研究上了。

1872年，爱迪生在研究自动电报机时，由于实验入迷，思想高度集中。有一次他需要到外边办一件急事，可是当人家询问他的名字时，他竟然好一阵子也想不起来自己的名字。

爱迪生在科学研究的道路上，步履坚实，呕心沥血，的确花费了巨大的体力与心力。

在他77岁生日的时候，有人问他的人生哲学是什么？

他回答说："做工！揭破自然的秘密，并使它为人类服务。"这是他从事科学研究的真正动力，这就是他成功的秘诀。

年 谱

1847年2月11日，生于美国俄亥俄州的米兰小市镇。

1868年10月11日，发明"投票计数器"，获得生平第一项专利权。

1869年10月，与友人合设"波普—爱迪生公司"。

1870年，发明普用印刷机，出让专利权，获4万美元。在纽瓦克自设制造厂。

1872年至1876年，发明四通路系统电报，自动复记电报法、二重和四重电报法、制造蜡纸炭质电阻器等。

1875年，发明声波分析谐振器。

1876年，在新泽西州的门罗公园建立了第一个工业研究实验室。它是现代的"研究小组"这一概念的创始人。申请电报自动记录机专利。

1877年，在门罗公园改进了早期由贝尔发明的电话，并使之投入了实际使用。获得三项专利：穿孔笔、气动铁笔和电笔。8月20日发明了被证实为爱迪生心爱的一个项目留声机。

1878年2月19日，获留声机专利。8月，英国批准爱迪生"录放机"专利申请。10月5日，提出第一份关于铂丝"电灯"的专利申请。

1879年10月21日，发明高阻白炽灯，11月1日申请炭丝灯专利。

1880年，获得电灯发明专利权。12月，成立纽约爱迪生电力照明公司。

1882年，发明电流三线分布制。申请专利141项。12月底美国各地建立了150多个小电站。

1885年5月23日，提出无线电报专利。

1888年，发明唱筒型留声机。

1889年，发明电气铁道多种。完成活动电影机。

1891年，发明"爱迪生选矿机"，开始自行经营采矿事业。获得"活动电影放映机"专利。

1893年，爱迪生实验室的庭院里建立起世界上第一座电影"摄影棚"。

1894年4月14日，在纽约首开活动电影放映机影院。

1896年4月23日，第一次在纽约的科斯特—拜厄尔的音乐堂使用"维太放映机"放映影片，受到公众热烈欢迎。

1902年，使用新型蓄电池作车辆动力的实验，获得成功。

1903年，爱迪生的公司摄制了第一部故事片《列车抢劫》。

1909年，费时10年的蓄电池研究，终于成功。制成传真电报。获得原料机、加细碾机、长窑设计专利。

1910年至1914年，完成圆盘式留声机、不损唱片和金刚石唱片。完成有声电影机。

1910年至1928年，完成发明近50件。

1931年10月18日，爱迪生在西奥伦治逝世，终年84岁，10月21日，全美国熄灯一秒钟以示哀悼。

名 言

- 失败也是我需要的,它和成功对我一样有价值。

- 天才就是百分之九十九的汗水加百分之一的灵感。

- 惊奇就是科学的种子。

- 读书之于精神,恰如运动之于身体。

- 当你希望成功,当以恒心为良友。

- 发明是百分之一的聪明加百分之九十九的勤奋。

- 友谊能增进快乐,减少痛苦。

- 我的人生哲学是工作,我要揭示大自然的奥秘,并以此为人类造福。我们在世的短暂的一生中,我不知道还有什么比这种服务更好的了。

- 每一个人都会开列出一张长长的清单,要求他的朋友应具备哪些美德与良好品格,但却很少有人愿照着自己的清单去培养自己的品德。

- 如果人们都能以同情、慈善,以人道的行径来剔除祸根,则人生的灾患便可消灭过半。

- 我平生从来没有做出过一次偶然的发明。我的一切发明都是经过深思熟虑和严格试验的结果。

- 凡是希望荣誉而舒适地度过晚年的人,他必须在年轻时想到有一天会衰老；这样，在年老时，他也会记得曾有过年轻。

● 无论何时，不管怎样，我也绝不允许自己有一点灰心丧气。

● 想象必须是热的，才能够使它把外界的东西所收到的形象留下模印。

● 所谓天才，那就是假话，勤奋的工作才是实在的。

● 教育之于心灵，犹雕刻之于大理石。

● "年"教给我们许多"日"不懂的东西。

● 书籍是天才留给人类的遗产，世代相传，更是给予那些尚未出世的人的礼物。

● 凡是新的不平常的东西都能在想象中引起一种乐趣，因为这种东西使心灵感到一种愉快的惊奇，满足它的好奇心，使它得到原来不曾有过的一种观念。

● 若你能举出一个彻底满足的人，我可以告诉你他就是个失败的人。

● 我始终不愿抛弃我的斗争的生活。我极端重视由斗争得来的经验，尤其是战胜困难后所得的愉快；一个人要先经过困难，然后踏进顺境，才觉得受用、舒服。

● 只有在我知道一切做不好的方法以后，我才知道做好一件工作的方法是什么。

● 世间没有一种具有真正价值的东西，可以不经过艰苦辛勤劳动而能够得到的。

● 未来的战争，将是机器之间，而不是活人之间的战斗。

● 一个人不要浪费每秒钟，因为它可以决定你一生。

● 不应该想如何安度晚年，我应该继续勤奋工作。

● 电灯只是一个小小的开始。

● 我为人类的幸福，已经尽了心力，没有什么好遗憾的了！

● 如果我曾经或多或少地激励了一些人的努力，我们的工作，曾经或多或少地扩展了人类的理解范围，因而给这个世界增添了一分欢乐，那我也就感到满足了。

● 人生在世界是短暂的，对这短暂的人生，我们最好的报答就是工作。

● 一个人年轻的时候，不会思索，他将一事无成。

● 谦虚不仅是一种装饰品，也是美德的护卫。

● 良好的性格贵于黄金；前者是自然的天赋，后者是命运的赐予。

● 教育的秘诀是：尊重学生。

● 我不以为我是天才，只是竭尽全力去做而已。

● 伟大人物最明显的标志，就是他坚强的意志。

● 爱情不会因为理智而变得淡漠，也不会因为雄心壮志而丧失殆尽。它是第二生命；它渗入灵魂，温暖着每一条血管，跳动在每一次脉搏之中。

● 如果你希望成功，当以恒心为良友，以经验为参谋，以谨慎为兄弟，以希望为哨兵。

● 性格的培育是教育的主要目的，虽然它不能算是唯一的目的。

● 虽然我们总是叹息生命的短促，但我们却在每个阶段都盼望它的终结。儿童时期盼望成年，成年盼望成家，之后又想发财，继之又希望获得名誉地位，最后又想归隐。

● 虚伪及欺诈是一切罪恶之母。

● 好动与不满足是进步的第一必需品。

● 人生太短暂了，要多想办法，用极少的时间办更多的事情。

● 任何问题都有解决的办法，无法可想的事是没有的。要是你果真到了无法可想的地步，那也只能怨自己是笨蛋，是懒汉。

图书在版编目(CIP)数据

爱迪生／刘亚伟编著.—北京：中国社会出版社，2012.9
(2022.6 重印)
(世界名人非常之路)
ISBN 978－7－5087－4147－5

Ⅰ.①爱… Ⅱ.①刘… Ⅲ.①爱迪生,T.A.(1847～1931)－生平事迹 Ⅳ.①K837.126.1

中国版本图书馆 CIP 数据核字(2012)第 201217 号

出 版 人：浦善新	策划编辑：侯 钰
责任编辑：侯 钰	封面设计：张 莉

出版发行：中国社会出版社	地　　址：北京市西城区二龙路甲 33 号
邮政编码：100032	编辑部：(010)58124867
网　　址：shcbs.mca.gov.cn	发行部：(010)58124866
经　　销：各地新华书店	

印刷装订：北京华创印务有限公司	开　　本：170mm×240mm 1/16
印　　张：13	字　　数：200 千字
版　　次：2012 年 9 月第 1 版	印　　次：2022 年 6 月第 4 次印刷
定　　价：49.80 元	

中国社会出版社微信公众号

中国社会出版社天猫旗舰店